麦肯锡战略管理

STRATEGIC MANAGEMENT

「10年後どうする?」を決める経営戦略の教科書

Hirokazu Yamanashi
[日]山梨广一 著 朱悦玮 译

北京时代华文书局

图书在版编目（CIP）数据

麦肯锡战略管理 / (日) 山梨广一著 ; 朱悦玮译 . — 北京 : 北京时代华文书局 , 2023.1 (2024.1 重印)

ISBN 978-7-5699-4719-9

Ⅰ . ①麦…　Ⅱ . ①山… ②朱…　Ⅲ . ①企业管理—战略管理　Ⅳ . ① F272.1

中国版本图书馆 CIP 数据核字 (2022) 第 198419 号

北京市版权局著作权合同登记号 图字：01-2020-4282

拼音书名 | Maikenxi Zhanlüe Guanli

出 版 人 | 陈　涛
策划编辑 | 周　磊
责任编辑 | 周　磊
责任校对 | 凤宝莲
装帧设计 | 程　慧　迟　稳
责任印制 | 訾　敬

出版发行 | 北京时代华文书局 http://www.bjsdsj.com.cn
北京市东城区安定门外大街 138 号皇城国际大厦 A 座 8 层
邮编：100011　电话：010-64263661　64261528
印　　刷 | 三河市嘉科万达彩色印刷有限公司 0316-3156777
(如发现印装质量问题，请与印刷厂联系调换)
开　　本 | 880 mm×1230 mm　1/32　印　　张 | 7　字　　数 | 153 千字
版　　次 | 2023 年 5 月第 1 版　印　　次 | 2024 年 1 月第 2 次印刷
成品尺寸 | 145 mm×210 mm
定　　价 | 45.00 元

前　言

说起企业战略（以下简称“战略”），可能很多人的第一印象都是“复杂高深，晦涩难懂”。

确实，制订战略并不是一件容易的事情，企业必须综合考虑自身的状况、经济形势、技术创新、消费者需求和生活模式变化、跨界竞争的对手以及法律和税收等诸多因素，才能制订适合自身的事业、组织、财务、人才等情况的战略。

但换一个角度来看，其实对很多人来说，战略与自己的日常工作息息相关。

“为了提高下个月的销售收入，我们应该采取什么样的促销措施？”

“为了提高生产能力，我们应该在什么时候进行设备投资？”

“竞争对手推出了新商品，我们必须对其进行分析，思考对策！”

“我们应该如何解决因为人手不足导致的成本上升的问题呢？”

“我们公司明年应该雇用多少应届毕业生？应该雇用什么样的人才？”

大家在日常工作中，是不是也思考过类似的问题呢？其实这些都是“战略”的一部分。

战略的基础和框架，并不一定是非常晦涩难懂的东西。

在接近30年的管理顾问职业生涯中，我亲眼见证了许多企业在制订战略时遇到的困难。不只是中小型企业的经营者和创业者，大型企业的事业负责人和新创事业领导者在制订战略时也经常孤军奋战。

出于上述原因，我决定将制订面向未来的战略时的基本顺序和要点整理成书，为有需要的读者提供参考。本书只保留了战略中的关键内容，不涉及不那么重要的部分。因此，本书并没有讲述晦涩难懂的战略相关理论，是一本能够帮助大家顺利地迈出“第一步”的指导手册。

如果用棒球选手来打比方的话，这就好像有的天才选手即便没有深入练习挥棒的基本技术也能凭借天赋和本能打出全垒打，还有的选手则是凭借多年积累的经验创造了适合自己的击球方法。

但绝大多数选手还是应该从挥棒的基本技术练起，通过不断练习来提高自己击球的成功率和击球的距离。

我希望大家能够在阅读本书后掌握制订战略的基本知识，并且将其应用在实际工作中。如果本书能够在大家制订战略的时候，给大家提供一些帮助，那就是我最大的荣幸。

山梨广一

目录

序章 思考战略之前必须牢记的内容

第一部分 理解战略

第一章 明确“经营是什么”

第二章 明确“战略是什么”

第二部分 掌握制订战略的方法

第三章
通过三个阶段来制订战略

第四章
第一阶段：定义战略的目标和边界条件

第五章
第二阶段：分析与把握经营环境和课题

第六章
第三阶段：设定战略方针与行动计划

第三部分　制订与执行战略的思考方法

第七章
掌握制订战略必不可少的思考方法①【逻辑思考】

第八章
掌握制订战略必不可少的思考方法②【多元思考】

序章

思考战略之前
必须牢记的内容

1 “战略”对任何人来说都是“武器”

把握本书的内容与定位

■ 战略本应由多名成员共同制订

我想先和读者朋友确认一件事。

那就是本书是面向需要制订战略的商务人士的实用解说书。

因为本书之中介绍的要点和方法都是经过严格筛选的，所以能够在制订战略的“现场”立刻发挥作用。

但我要是这么说的话，肯定有人会问：“那我只要读了这本书，就能够立刻制订出优秀的战略了吗？”

确实，制订战略并不是一件容易的事情。战略会给企业的业绩和未来发展带来巨大的影响。不仅如此，由于在任何情况下，战略都没有“唯一的正确答案”，这就给企业制订战略增加了很大难度。

战略应该由多名成员经过讨论后共同制订。这是我的观点，也可以说是我的信念。

我之所以会这么想，理由很明确。

首先，与自己一个人思考相比，多人讨论更能够激发出“多元化”的思考和创意。即便参与讨论的成员中没有思维独特的人，但因为每个人拥有的信息和经验各不相同，多人讨论仍然能够拓展每个人的视野和思路。

其次，如果团队中有一个领导者负责引导讨论的方向，那么他就要承担起对其他成员进行“说明”和“论证”的责任。也就是说，他必须向其他人说明“为什么选择这个战略”。在说明的过程中，领导者就会对自己的思维进行整理，使其更加严谨。一个人思考很容易出现逻辑不连贯、方向不明确等问题（关于详细的思考方法请参见第三部分）。

最后，如果只有领导者一个人思考战略，那么在战略的执行阶段，可能会出现组织上下无法统一步调的情况。换言之，在制订战略时，如果能够让未来执行战略涉及的关键人物都参与进来，那么战略在执行时就会更加顺畅。

■ 独自一人思考战略也很重要

虽然在制订战略时最好能够“团队合作”，但“独自一人思考战略”也非常重要。

对于中小企业的经营者或大企业的部门负责人来说，即便在制订战略时有许多人参与讨论，但最终做出判断和决策的人还是自己。

但像企业并购和事业继承等不希望其他人参与制订战略的情况，还是独自一人思考更好。

除此之外，还有为了打破僵局而必须采取有一定风险的策略的情况，在这个时候，很多人都不愿意将部下牵扯进来。

对于想要创业的人来说，最初必须独自一人思考战略。这一点对于希望“内部创业”的人来说也是一样的。

对于参与制订战略的成员来说，在最初的构想阶段也需要“独自思考”。即便最终的决定权在领导者手上，成员也要认真地提出自己的意见。

对于领导者来说，为了对部下提出的意见进行评价，对部下进行指导，也要具备“自己思考战略”的能力。

本书就是考虑到上述情况，对“如何制订战略”这一问题进行通俗易懂的解说。也就是说，本书是教会大家如何凭借自己的力量制订战略的参考书。

即便你目前没有参与制订战略的机会，但如果能够通过学习本书的内容加深自己对战略的理解，对你将来的职业发展一定也大有好处。

这就好像足球比赛。分析比赛形势、制订攻防战略的教练就相当于你的上司。你则是遵照教练的指示在场上来回奔跑的球员。也就是说，现在的你相当于一颗棋子。

但如果你能够理解上司大脑里思考的战略，就能更早地做出合适的行动，为团队做出自己应有的贡献。长此以往，迟早有一天你也会成为带领团队前进的人。

阅读本书对不同角色的作用，如图0-1所示。

图 0-1　阅读本书对不同角色的作用

2 用四个阶段掌握“制订战略的方法”

把握本书的内容与定位

■ 明确“应该学习什么”

现在大家都知道本书的目标是什么了。接下来，我将为大家介绍本书的使用方法。

在思考战略的时候，我们要先明确目标和定义，必须明确“经营是什么”“战略指的是什么”等基本要素。

可能大家觉得这是理所当然的事情，但实际上很多企业都没有充分地理解这些最基本的内容。

对商务人士来说，“经营”和“战略”这两个词可能都已经听过很多遍了。在日常的工作之中，在培训和学习之中，在各种报纸、杂志、书籍上，商务人士都有很多机会接触到这两个词。

但是，当我在企业进行战略相关的培训，向学员询问“经营”和“战略”的目标与定义时，学员的回答千差万别。其中有些人的回答是完全错误的，甚至还有人哑口无言。

在不知道“经营”和“战略”的明确定义的情况下，想实现优秀的经营成果、制订出优秀的战略无异于痴人说梦。因此，我将在第一章和第二章中对经营和战略的基本内容进行讲解。

■ 理解“正确的顺序”

当把握了“经营”与“战略”的基本概念之后，我将在第二部分为大家说明制订战略的基本方法。

我们先要做的就是把握制订战略的整体流程。

说起制订战略，可能很多人会从制订具体的行动计划开始。但如果我们先把握制订战略的整体情况，就会知道自己现在应该做什么，以及接下来需要做什么，更容易产生“只要这样坚持下去，就能实现目标”的安心感。

■ 根据流程制订战略

制订战略的顺序，大体上可以分为三个阶段。在第二部分，我将按照步骤依次对具体方法进行详细解说，帮助大家理解在各个阶段“需要思考的内容”和“应该做的事情”。

同时，我也希望大家能够亲自尝试制订战略。

在第二部分，我为大家介绍了某食品超市的案例。我希望大家将其作为参考，以自己的企业或者自己所在的部门为对象，制订战略。

“我们是制造业企业，和零售业企业的情况不一样。”

“我们企业是靠技术取胜的，即便采取同样的战略，实际状况也不同。”

“我们是初创企业，这样的案例无法作为参考。”

或许有的读者会产生上述想法，但这都是误解，因为本书介绍的制订战略的基本方法适用于任何行业和事业。只要能够理解这些最基础的方法，你就可以给自己的企业或事业制订战略。即便行业不同，本书的案例也同样能够给你提供有价值的参考。

刚开始，你可能会有些不习惯和不理解的地方，但请你一定要试着按照本书介绍的顺序“亲自体验”一下制订战略的过程。

■ 通过自我分析来实现提高

在读完第二部分之后，大家就能对制订战略的方法有一定了解了。但是如果你想要将这些知识应用在实践之中，就必须做另外一件事。

那就是分析自己制订战略的能力。要想制订出优秀的战略，必须了解“自己能够作为武器的能力是什么”以及“自己必须掌握什么能力”。

在第三部分，我将为大家介绍制订战略时必不可少的“思考方法”。我将列出必须明确的10项内容，供大家参考。大家在看到这些内容之后，可能会产生“几乎都说中了”“稍微有些不同”“完全没有做到”之类的感想。大家可以根据这些实际情况，明确自己应该解决的“课题”。

此外，通过第二部分的练习，我相信大家也能够在一定程度上了解自己擅长的领域和不擅长的领域。

“在制订战略方面，自己的优势是什么？自己的不足之处在哪里？”当明确了这些问题之后，大家就可以思考应该通过怎样的思考和行动来有效地弥补自身的不足。

大家可以通过四个步骤灵活使用本书介绍的内容，如图0-2所示。

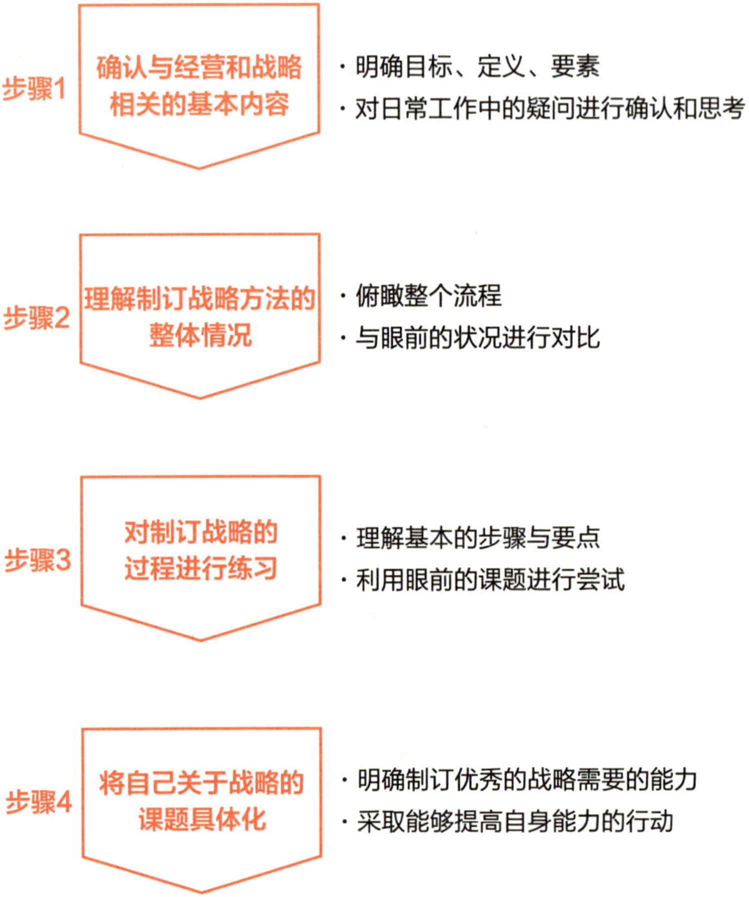

图 0-2　灵活使用本书介绍内容的四个步骤

专栏 1

“洞察”“选择”“一贯性”是成功的关键

○制订你所在企业的战略，给战略创造“形体”并赋予“力量”

正如在接下来的正文中所讲的那样，在制订战略时，你需要从许多不同的角度加深“思考”，开阔思路。同时，在制订战略时，你的“心境”也十分重要。对于制订战略的人来说，良好的精神状态是必不可少的。

要想制订出优秀的战略，必须重视以下三个关键。

第一个关键是“洞察”。虽然这个词听起来有点深奥，但简单来说，就是在获得信息时，你要思考“这个信息对自己来说有什么意义”，从信息中找出“价值”。在这个信息“爆炸”的时代，我们不能一味地接收信息，而是要养成思考信息对自己具有什么意义的习惯。

第二个关键是“选择”。制订战略就像是尝试解由多个课题组成的方程组。也就是说，你往往要同时面对许多“选择”，而且这些选择看起来都差不多。

在这个时候，经营者的判断就显得尤为重要。因为根据经营者的判断做出的选择，就是“方程组的解”，也就是企业选择的战略。

第三个关键是“一贯性”。因为战略关系到整个企业或事业的成败，所以必须集中整个企业的力量去实施。

因此，在执行战略的时候，不但整个企业要具有一贯性，在整个执行过程中也要保持一贯性。正如前文中提到过的那样，经营者的判断决定了战略，进而决定了企业前进的方向，所以经营者必须将自己坚定的信念展现出来。

第一部分

理解战略

在思考战略之前，你必须先搞清楚自己“打算将从本书中学到的内容应用在什么地方”。此外，理解“本书的使用方法”也是很重要的。

在看完序章之后，请大家确认以上两点。

接下来就是本书的正文部分。本书的正文由三部分组成，在每一部分的开头都有该部分的学习进度表，供大家制订学习计划和对知识点进行检查。

学习进度表①

第一部分
理解战略

□检查点

1.经营是什么?	□是否明确了经营的定义和基本要素? □是否理解了“优秀经营”“优秀经营者”的要点?
2.战略是什么?	□是否明确了战略的定义和基本要素? □是否理解了优秀战略的要素?

第一章

明确“经营是什么”

1 将经营“因式分解”

理解“经营的基本要素”，实现良性循环

■ “目标”“经营资源”“成果”是经营的基本要素

我们先来确认一下经营的基本要素。

经营指的是“为了达成事业目标，制订持续的、有计划的决策并执行，对事业进行管理，以及为了实现上述活动而建立组织的过程”。

虽然经营的方法多种多样，但根据上述解释可以总结出相应的关键词。

第一个关键词是“目标”。经营一定是有目标的，比如“提高企业的业绩，为股东提供最大价值”就是典型的经营目标。不过，也有很多企业不仅追求“经济价值”，也将“为顾客提供价值”“使员工满意”“为社会做出贡献”作为经营目标。很多企业都将经营目标明确地写在企业理念之中。

此外，创业者的理念和企业在历史中形成的企业文化也会反映在经营目标上。

第二个关键词是“经营资源”，也就是“人力”“物力”“财力”，信息、知识和品牌等无形资产也能算是经营资源。企业适当地获取、积累、利用这些经营资源，就能达成经营目标。

最后，企业通过达成经营目标取得“成果”，也是经营中不可或缺的要素。评价成果的标准根据经营目标不同而有所不同。比如经营目标是“使员工满意”和“为社会做出贡献”，那么只取得利润就不能说充分地取得了成果。

综上所述，**经营就是明确“目标”，收集和利用“经营资源”取得“成果”**。

■ 实现持续成长的“体系”必不可少

企业活动是由经营者、员工和客户共同参与的，也是由企业内不同部门的活动共同组成的。

因此，企业活动大多是反复进行的，而且需要公开。因为企业活动一般都是以可持续发展为前提的，所以企业活动以及经营都需要“体系化”。

在我们身边最常见的“体系化”例子，就是业务流程的标准化和决策流程的明确化。

此外，例会和出现问题时的应对顺序也可以看作是信息传达与指挥命令系统的体系化。人事制度和员工培训计划则属于人才培训的体系化。

通过“反复”执行这些体系化的事务，提高生产效率，企业

就可以实现可持续成长。

■ 在找不到"答案"的阶段也能做决策

经营的难点之一就是必须在找不到"答案"的情况下做出判断，并且以此为基础做出决策。毕竟企业在设定经营目标的时候，并没有绝对正确的"模板"可以效仿。

企业在对经营资源进行分配时，也没有绝对正确的答案。关于企业应该将哪些经营资源投入到哪些领域，并没有相应的"公式"。甚至可以说，在结果出现之前，谁也不知道决策是否正确。

不同的利益相关者（股东、顾客、员工、客户、社会）还经常出现利益冲突。在这种情况下，企业想找出一个让各方都满意的方案几乎是不可能的。但即便如此，经营者也绝对不能放弃判断和决策。身为经营者，必须根据自己的判断做出决策，并且将决策公开出来，身先士卒地采取行动，带动部下一起为了达成目标而努力。

企业经营的目标如图1-1所示。

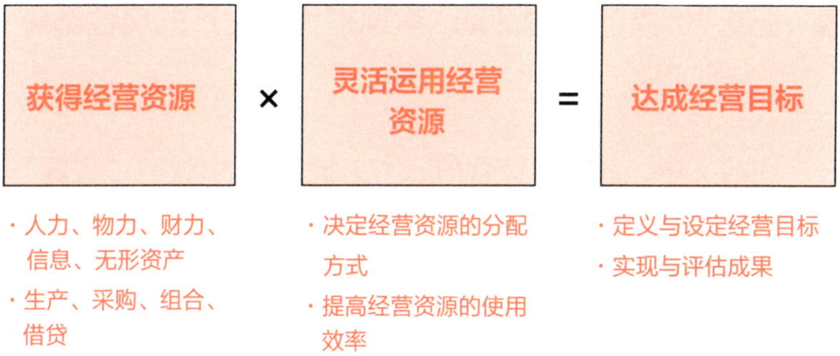

优秀的经营活动实现良性循环

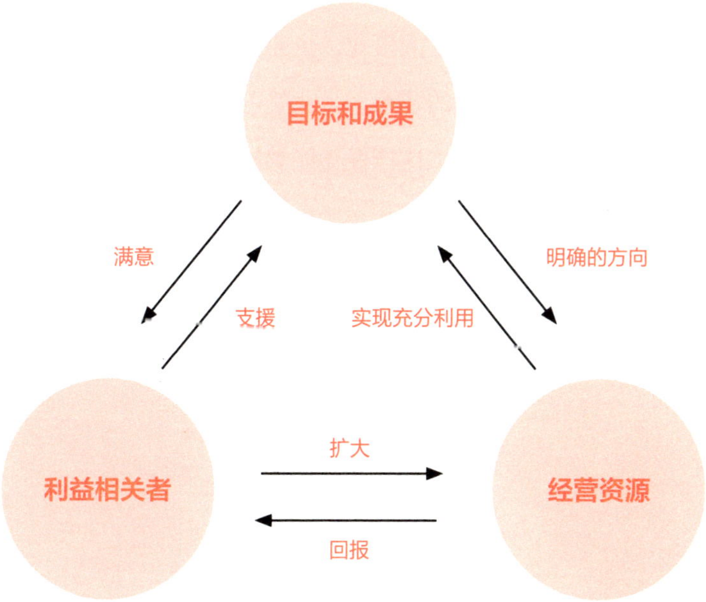

图 1–1　企业经营的目标

通过“优秀的经营活动”实现扩大再生产的良性循环

在前文中，我提到经营的三个关键词是“目标”“资源”“成果”。

那么，如果经营一切顺利的话，企业会是怎样的状态呢？

首先，企业的业绩肯定会得到提高，在大多数情况下也能够达成经营目标。其次，通过有效利用经营资源，企业能够实现扩大再生产的良性循环。

比如通过培养人才和扩大事业，企业的利润可以得到提升，不断积累资金。利用得到的资金，企业就可以招揽更多优秀的人才，并将事业进一步扩大。这样做还能够给顾客、股东、员工、客户等利益相关者都带来好处。

2 “优秀的经营活动”有三个共同点

“理念”“持续性”和“独特性”必不可少

如果一切顺利，企业的经营活动就会在“目标和成果”“经营资源”和“利益相关者”之间形成良性循环。

接下来，让我们换一个视角，看一看“优秀的经营活动”都有什么共同特征。

根据多年的管理顾问工作经验，我发现优秀的经营活动有三个共同点：“理念”“持续性”和“独特性”。

■ 永不动摇的“理念”

优秀的经营活动离不开“理念”。

这里所说的“理念”，指的是“价值观”和“信条”。

“我们要成为那样的公司。”

“不管发生什么，我们在这一点上绝不能让步。”

如果企业从上到下都能明确地说出自己应有的“状态”和“价值观”，那就证明这家企业有非常明确的“理念”。

有的企业会将理念以条文的形式公布出来，也有的企业将其当作不成文的规矩，以企业文化的形式在整个组织中深入人心。但不管怎样，只要有永不动摇的理念，企业就不会陷入“迷茫”。

当面对难以做出经营选择的局面时，只要有明确的理念，企业就能够以自己的理念为标准找到前进的方向，避免陷入朝三暮四、摇摆不定的恶性循环之中。

■ 多元的“持续性”

“持续性”也是优秀的经营活动的特征之一。即便一时取得优秀的业绩，但如果无法持续下去，就称不上是优秀的经营活动，仅凭“爆发力”是无法使企业实现持续发展的。

持续性除了要有永不动摇的理念之外，还需要“体系化”和“具体化”的支撑。

关于持续性，企业不能只看经济层面，还要从更多元的角度来进行分析。企业为了生存和发展，必须确保持续获取利润，但除此之外，企业还要以自身存在价值为依据，从更广泛的层面对持续性进行思考。

比如企业能够持续得到社会支持、能够持续提升员工对企业的参与感和归属感等，这些都是优秀的经营活动不可或缺的要素。

乍看起来，这些要素似乎与常见的经营评价指标没什么关系。实力比较弱的中小企业更关心下个月的销售收入和利润，完全没有多余的精力去关注这些与业绩没有直接联系的事物。

但为了将来能够持续为顾客提供商品与服务、提高利润，企业必须从各个方面综合地思考持续性。

现在，社会各界对“可持续发展”的关注度越来越高。本来这是以地球环境的可持续发展为目标的，但现在被应用于更加广泛的领域。因此，企业也承担着非常重要的责任，企业活动的可持续性也成为非常重要的经营课题。**企业不仅要设法不断提高各项财务评价指标，还要在环境保护和社会贡献等方面按照可持续发展的要求开展经营活动。**

■ “独特性”（差异化和自我认同）

优秀的经营活动还需要有“独特性”，也就是让人能够从企业的经营活动中感觉到企业“与众不同”之处。与竞争对手（产品）之间的“差异化”就是其中之一。此外，正因为拥有独特性，企业才能产生“自我认同”。

独特性非常重要，想必没有人会对此提出异议。但**企业要想在经营活动中实现独特性，并非易事。**

比如在许多行业之中，企业都很容易产生**横向比较**的意识。一旦处于“现在的业绩还算过得去”的状态，企业就会失去进行不同尝试的挑战精神，导致企业失去独特性。这种情况在大企业和历史悠久的企业身上体现得更为明显。

消极主义的企业文化也是导致企业失去独特性的主要原因。消极主义的企业文化会使员工不愿进行尝试。在这种企业文化中成长起来的员工一旦成为经营者，就会使企业失去独特性，这种情况往往会形成一种恶性循环。

此外，我们也需要特别注意“流行语”。如果“数字化”“全球化”“全渠道”等流行语在企业内部频繁出现，企业最好对此提高警惕。因为在不知不觉之间，企业会因为被这些流行语所代表的社会上流行的思想同化而趋于和其他企业同质化，失去“独特性”。

想要确认自己是否真正理解了“优秀的经营活动”，可以对照图1-2进行检查。

理念	□是否有明确坚持守护和追求的目标 □是否将其明确化 □是否让其在组织内部深入人心
持续性	□是否有永不动摇的信心 □为了使追求的目标能够持续，是否有“体系化”和“具体化”的支撑 □是否明确去年与今年的“变化之处”和“不变之处”
独特性	□自己的企业、事业、产品和服务是不是“独一无二”的 □自身的独特性是否客观 □是否能够明确顾客选择企业产品和服务的理由

图1-2 “优秀的经营活动”的检查项

3 “优秀的经营者”共有的“眼光和态度”

优秀的经营者必须具备“远见”“果断”和“坚持”

现在，大家已经对什么是优秀的经营活动有了一定的了解。

那么，为了实现优秀的经营活动，经营者需要拥有什么资质才能算优秀呢？

我认为，优秀的经营者也有三个共同点。

■ “远见”是促进企业成长的原动力

第一个是“远见”。远见指的是经营者基于更高的“视角”和更广阔的“视野”，对自己的目标有一个非常明确的认识。这也关系到“洞察力”和“愿景力”等（参见第47页和第52页）。

除了要拥有能够把握环境变化的知识和能力之外，经营者还要拥有在任何环境下都能朝着目标前进的志向。

即便自己的企业处于非常严峻的经营环境之中，经营者也要在直面这一事实的同时，思考企业未来发展的可能性。否则，经营者就无法想出前进的方法，也不能鼓舞员工向前方迈进。反之，在业绩优秀的时候，经营者也要考虑到将来可能出现的变化和商机，为企业未来的发展做好准备。

■ 经营者必须“果断”

第二个是能够“果断”做出决策。正如前文所说，战略没有绝对正确的答案，而且经营者经常需要在信息不充分的情况下做出决策。

经常有经营者要求部下“把方案考虑周全了再汇报”，但**要求部下做出周全的决策，对于经营者来说就相当于放弃了自己的职责。**毕竟，做出决策是经营者的使命和责任。

■ 有“坚持”才能做出判断

第三个是能够“坚持”自己的判断。不管是有意识地坚持还是无意识地坚持，成功的经营者大多会坚持自己的判断，并且执着于自己认定的事情，决不妥协。

每个人坚持的事情各不相同，比如有人重视“数据分析”，有人重视“顾客需求”，有人重视“技术与品质”。还有的经营者会重视“亲身体验和自己的经验”，所以会根据过去的经验、教训来经营企业。

只要能够坚持自己的判断，经营者就能以此为依据，即便在信息不足或者面临非常复杂的局面时，也能做出准确的分析和决策。

专栏 2

领导者应该采取的行动和具备的能力

○面向未来设定经营目标的标准

正如前文提到的那样，在制订战略时，“远见”“果断”以及“坚持”十分重要，如果将这些看作“职责”的话，那么领导者（经营者或事业负责人）应该采取的行动也就十分明确了。

首先，领导者要“面向未来”。即便处于非常严峻的经营状况之中，领导者也要对其进行客观的分析，同时思考未来发展的可能性，提出继续前进的方法，激励员工奋勇向前。在一帆风顺的时候，领导者也要思考未来的发展方向，争取让企业能够进一步成长。

其次，在制订战略的过程中，领导者应该先完成的事情就是提出一个合适且具体的目标，这也是领导者最重要的职责。这件事情的关键在于设定经营目标的标准：如果提出的目标非常具有挑战性，虽然难以实现，但也会激发员工的斗志，可能会使企业取得突破性的发展；如果提出的目标比较现实，那么就比较容易制订出合适的战略并且脚踏实地地执行。经营目标会对战略造成巨大的影响。

○带动组织前进的领导力和判断力

除了面向未来的目光和设定经营目标的标准之外，领导者还要实际带动组织前进。不管是在战略的讨论阶段，还是在执行阶段，领导者都可能会遇到许许多多难题。在这个时候，为了让组织保持前进，领导者必须具有领导力。

此外，在对战略做出最终的判断时，领导者要具备强大的判断力。

虽然有让部下提出万无一失的提案、自己不做任何判断的领导者，但我认为这样的人根本就不配当领导者。

本专栏对领导者应该采取的行动和具备的能力进行了较为详细的解说。

第二章

明确“战略是什么”

1 理解“战略”的本质

牢记定义与基本要素

■ 你对“战略”的理解是否有误?

在前文中，我对“经营”的基本内容进行了解说。接下来，我将针对“战略”展开说明。

和经营一样，战略有丰富的内涵和许多使用方法，不存在唯一的定义。因此，有不少人都错误地理解了战略的内涵，或者根本就没有理解战略的内涵。

比如有人认为战略是将具体的行动自始至终罗列出来，这就是最典型的错误例子。虽然战略必须落实到具体的行动上才有意义，但前提是必须有战略方针。因此，单纯罗列出来的行动只能被称为行动计划，而不能被称为战略。

与之相对，如果只有正确的理论，但没有具体的行动计划，也不能被称为战略。这样抽象的概念可能放在任何环境中都是正确的，但因为无法引起任何具体的行动和变化，所以也不能取得任何成果。比如“理解顾客需求的变化，开发相应的商品”就是这一情况的典型例子。

有些人从关于经营和战略的书上截取一部分内容出来，结果却不知道自己具体想要表达的内容是什么。涉及战略的文章和资料里介绍的内容，并不等于战略。

还有些人将发现的所有问题和课题都摆在桌面上，从始至终只对问题和课题进行分析。或许他对每一个问题和课题分析的结论都是正确的，但没有总结出作为战略的课题，也没有提出解决方案，这也不能算是战略。

请检查一下你自己制作的资料、你所在部门的经营计划以及企业的中期计划，看看是否存在上面提到的那些问题。

■ “目标”“课题”“方针”“措施”四个基本要素

企业要怎样才能制订出合适的战略呢？我认为，首先要充分理解经营与战略的意义，然后掌握前文提到的制订战略的方法和顺序。

在制订战略的时候，企业先要明确战略的“目标”。

比如你出于兴趣开始登山，你必须先决定要登上哪座山，比如富士山、枪岳或御岳。“目标”就是希望通过制订战略达成的事情。以登山为例，目标就是你想要攀登的山峰。

在确定目标之后，接下来的步骤就是明确**“课题”**。以登山为例，课题就是明确为了登上山顶“必须解决的问题”。

比如我是一个登山初学者，以登上富士山为目标。在这种情况下，我需要增强自己的体质、制订登山计划等，这些都是在正式开始登山之前需要解决的问题。

接下来，我要做的就是思考解决这些问题的“答案”。但我不能一上来就思考“穿什么衣服”“什么时候出发”之类具体的问题，而是要先明确**“方针”**。比如攀登富士山，我应该选择哪条路线？我是当日往返，还是在山上住一晚？我是一个人登山，还是组队一起登山？这些都是我应该明确的基本方针。

在任何情况下都存在多种方针，我应该对每一种方针进行分析之后再做出决定。

假设我选择了“以某条路线和两名朋友一起在山上住一晚”的方针，那我接下来就要根据这个方针，思考需要采取的**“措施”**，即具体的行动和准备等。比如我要准备行李、分配每个人的负重、为了增强自身的体质每天坚持走路上下班以及周末进行慢跑练习、准备前往富士山的交通工具、决定集合场所和登山时间等。

接下来，我以棒球比赛为例，对找到问题答案的方针和措施进行说明。

假设我们球队的目标是在下周的比赛中战胜强敌，为了达成目标，“在对方的王牌投手身上取得分数”“采用能够弥补自身投手弱点的战术”“加强防守”就是最重要的课题。

为了解决上述课题、达成目标，球队分别可以采用“消耗对方王牌投手的体力，打乱比赛的节奏”和“自身采取轮换投手的战术加强防守”两个方针，假设球队选择了第二个方针。

在这种情况下，球队可以采取的措施包括在每天的训练中增加关于内野防守和挥棒的内容、给球队的三名投手制订有针对性的投球计划、让擅长制造死球的选手先出场等。

所谓战略，就是像这样的一系列流程：首先明确目标，然后明确课题和方针，接着通过采取措施来解决课题，最后达成目标。

在实际构建战略的时候，企业需要针对每一个措施制订具体的“行动计划”，明确**“什么人”“什么时候”“做什么”“怎么做”。**此外，企业还要考虑执行计划需要花费多少资金、能够取得多少销售收入和利润。这种以资金为基础制订的计划也可以被称为“事业计划”（参见第164页）。

■ 战略就是“战斗的方法”

在前文中，我们从基本要素（目标、课题、方针、措施）的角度对战略的“本质”进行了分析，接下来让我们从整体的角度来加深对战略的理解。

我们先试着换一个词来表示“战略”。

比如从“战”这个字开始发散思维，可能很多人都会想到“战斗方法”。其实“战略”这个词最早就是军事术语，因此会使人产生这样的联想也是理所当然的。

那么在思考战斗方法（战略）的时候，最重要的要素都有什么呢？

我认为有三个要素：**了解“敌人”、发挥“自身”优势和了解“战场”。**

比如在相扑比赛中，相扑选手会利用自己的技巧和体重将对手推出场地。在这个时候，相扑选手就要最大限度地发挥“自身”优势。

在任何战斗之中，充分了解“敌人”和“战场”，都能使自己更容易把握胜机。

比如日本战国时代的桶狭间合战，织田信长就凭借对地形和敌情的了解，以少胜多击败了今川义元。

织田信长与德川家康的联军击败武田胜赖的长筱合战，联军方面正是充分利用了自身拥有火枪部队的特点，把握了敌军排兵布阵的情况，充分利用了战场的地形，从而取得了压倒性的胜利。

由此可见，在制订战略的时候，**企业必须准确把握“敌人”和“战场”的情况，并且充分利用“自身”的优势。**

关于这部分的详细内容我将在第二部分为大家进行解说。

在制订战略时，对“顾客”“竞争对手”“客户”进行分析是非常重要的。

■ 战略和战术的区别在于“时间轴”

战略和战术有什么区别?

关于这个问题的回答多种多样，甚至还有不少人将两者混为一谈。

区分这两者最简单的方法就是利用“时间轴”来进行判断。

战略的前提是需要花费一定的时间去执行，而且在制订阶段也需要消耗一定的时间。

战术则是在战斗时需要反复采取的行动，大多是基于过去的经验和技能在较短时间内采取的应对措施。也就是说，**战略要求持续性，战术则需要随机应变。**

还是以相扑为例，相扑选手充分利用自己身体上的优势来进行战斗就属于战略；在实际比赛当中，相扑选手以四两拨千斤的巧劲将对方摔倒就属于战术。

在足球比赛中，足球运动员根据教练的部署通过不断传球调动对方的防线，然后突然发起进攻，这属于战略；场上的足球运动员根据实际情况在面对防守自己的对方足球运动员时选择传球或者突破过人则属于战术。

需要注意的是，因为战略有非常缜密的“结构”，所以必须具备“持续性”和“重复性”，根据战略结构采取的各项措施往往能够激发“乘法效应”。

接下来请大家想象一下店铺清理库存时的大甩卖。这属于战略吗?

在绝大多数情况下，答案都是否定的。通过减价清理库存商品，虽然能够在短期内提高销售收入，但也只是一时的权宜之计。也就是说，这并没有超出战术的范畴。

但将销售管理、库存管理、价格策略等组合到一起，创造出能够持续销售库存商品并实现利润最大化的事业结构和组织能力，就是优秀的战略。

2 为什么需要战略?

合理分配经营资源

■ 制订战略的时机

现在大家已经理解了战略的意义。那么,企业在什么时候需要制订战略呢?

或许有人认为“企业根本没有必要制订战略。战略和自己每天的工作也没什么关系。就算没有战略,只要每个人都按部就班地努力工作,就能够取得理想的成果”。

但实际上,企业的各种活动都离不开战略。

假设企业打算改变经营目标。

我仍然以登山为例进行说明。比如你已经多次成功地登上了富士山,如果这次还是走同样的路线登山,那就没有必要重新制订战略了。

但这次你不仅想登上山顶,还想顺路拍摄一些稀有的高山植物的照片,回去以后开一个摄影展。

这样的话,你就需要重新制订计划,对路线、行程安排、携带物品等事宜全都重新考虑,也就是重新思考战略。如果疏忽了这一点,你就很有可能无法达成目标。

我再以棒球比赛为例进行说明。假设你所在的球队连续败在一个强队的手下，但你们打算在下一次的比赛中无论如何都要取胜。

之前你们采取的都是进攻型打法，但这次为了避免再次失败，你们决定采取不同的打法。那就需要制订新的战略。

像这样，在追求与之前不同的目标或采取不同的方针时，你就必须重新制订战略。这样才能跨越眼前的障碍，实现变革。也就是说，战略是变革的起点。

在经营环境不断变化的当今时代，企业经营面临着许多机遇和挑战。为了在这样的环境下抓住机遇，应对挑战，能够使自身实现成长与变革的战略是不可或缺的。

“本企业拳头产品的销售前景不佳。”

“本企业的‘主战场’之中出现了来自其他行业的竞争者，市场竞争不断加剧。”

“在发挥本企业技术优势的新事业机会中，企业发现了对自身来说完全陌生的新市场。”

如果你所在的企业打算突破阻挡在眼前的难关，那这正是制订战略的绝佳机会。

■ 根据战略决定经营资源的使用方法

战略就是“如何利用自己‘战斗力’的方法”。用通俗易懂的例子来说，这就相当于竞技体育项目中的出场选手安排。

在经营之中，充分利用经营资源对企业来说是非常重要的，而战略就是利用经营资源的方法。

企业的经营资源是有限的。为了将有限的经营资源充分地利用起来，企业就必须对其进行合理分配。

换言之，**如果没有战略，企业就无法合理地获取、积累和利用经营资源。**

在经营资源之中，**资金（财力）**是最具体、最容易理解的。许多中小企业的经营者在日常运营中都十分在意资金的周转情况。对大企业来说，每个部门都有各自的预算，相关负责人在事业运营时也会非常关注销售收入、利润等与资金有关的指标。

相比于资金，**设备（物力）**就不是那么容易理解了。比如生产企业打算增加生产设备，就需要考虑，是追求整体的生产效率建设可以生产多种产品的通用生产线，还是根据某一种产品的特点建设专用生产线。也就是说，与只需要考虑“数量”的资金不同，企业还需要考虑不同设备的“品质”。

与此同时，企业还要考虑对现有的生产线进行升级、租赁设备、将部分生产作业外包等选择。

最难理解和灵活运用的经营资源当数**人才（人力）**。为了让每一名员工都能够发挥出自己最大的能力，“人尽其才”极为重要，但想准确把握每一个人的能力和其与工作的匹配度却并不容易。当然，我们也无法仅凭“数量”和“品质”来判断每个人的特质。

除此之外，要判断每个工作岗位需要什么能力、适合什么样的人才也是很困难的。正因为人才的“需求”与“供给”都无法简单地定义，所以将两者匹配起来的难度也非常高。

企业有时候还会面临人才不足的问题。在这种情况下，企业就需要考虑增加正式员工数量、雇用临时工或者临时聘请外部专家等方法。

综上所述，如何灵活运用人才是经营中最难的课题。因此，**很多企业把“资金周转”放在了经营目标的首要位置，而忽略了“人才培养”的重要性。**

企业内部的部门常常出于“人才是本部门的宝贵资源”的本位主义思想，不愿与其他部门共享关于人才的信息。这更导致人才得不到有效利用，使企业错失良机。

为了消除这些经营中存在的问题，企业应及时地对经营资源进行合理分配，并制订战略。有了战略，企业就能够明确分配经营资源的优先顺序，通过将战略在企业内部共享，也可以使组织上下达成共识。

3 制订战略时“停下脚步”也很重要

防止陷入惯性化的有效手段

■ 摆脱“惯性”

在前文中，我对制订战略的必要性进行了介绍。但要是改变一下视角，我们就会发现制订战略还有其他好处。

制订战略最大的好处就是可以“停下脚步，认真思考”。

因为工作繁忙，我们在不知不觉间就会不断地重复日常业务。对于中小企业的经营者和大企业的事业负责人来说，最需要注意的问题就是防止所有的工作都出现惯性化重复的倾向。

确实有些业务可以通过惯性化操作来提高效率。但企业经营不能惯性化，一旦凭借惯性在过去的延长线上前进，企业就无法实现变革和成长，竞争力和盈利能力就会逐渐降低。这最终会导致组织丧失活力。

企业经营惯性化还会使企业难以发现经营环境、市场以及竞争对手的“变化”。

以棒球为例，这就好像对方的王牌投手已经掌握了全新的投球技能，但本方对此一无所知，结果在比赛中惨败。

制订战略，可以让忙碌的经营者停下脚步、认真思考。这是防止企业经营惯性化的有效手段。用刚才棒球的例子来说，这就是通过制订战略获得研究对手的机会，把握对方投手的变化，从而及时采取措施避免惨败。

同样，企业在经营状况一帆风顺的时候，也要避免惯性化。虽然企业的业绩持续提升是非常理想的状态，但换个角度来看，企业可能还有更好的方法开展经营活动。

比如自己所在的球队因为提高了进攻能力，在三场比赛中赢了两场，这时不能就此满足，而是要继续努力提高防守能力，这样后面可能会取得三连胜。

像这样通过**“停下脚步，认真思考”，重新审视经营目标，企业可能会发现之前被忽视的开展新事业的机会和提升业绩的方法。**

■ “从零开始”思考经营环境

如果“现在的工作方法和局部改善就足够了”这种维持现状的想法在企业内部蔓延，员工就会缺乏紧张感。这会使企业失去活力和改革的动力。

所有的经营者都应该坚持向员工强调创新和不满足于现状的重要性，避免企业陷入满足于维持现状的状态。但讽刺的是，有不少经营者自己都有“沉溺于过去的成功”“沿袭之前的做法”“只追求局部改善”的“惯性思维”。经验丰富的经营者更要注意这一点，不要让自己安于现状。

如果经营者一直沿用之前“胜利的方法”和“绝对的王牌”，就难以觉察环境（社会环境、顾客需求、竞争状况、主要竞争对手等）的变化。如果经营者等到之前的方法和王牌都失效的时候才意识到问题，那就为时已晚了。

避免出现这种情况的关键就在于“停下脚步”，然后进行“认真思考”。

或许有人会说：“我太忙了，根本没有时间思考那些事情。”但正因为忙到没有时间认真思考，经营者才更应该意识到必须让自己停下来，然后认真地思考并制订战略。其实，经营者不用每天、每个月都停下来思考战略，**战略只要一两年制订一次就好了。**

因为一两年才需要停下一次，所以请经营者认真对待制订战略的工作，让自己的思维摆脱日常工作的束缚，“从零开始”思考。

在这个时候，经营者要从三个视角——顾客的视角、竞争对手的视角和企业的视角，对经营环境进行把握（参见第102页）。

■ 通过讨论达成“共识”

制订战略还有一个好处，那就是在制订战略时可以进行讨论。

讨论主要有两个作用。

一是提案者能够得到对想法进行整理的机会。因为在讨论的过程中，提案者有“说明责任”和“论证责任”。也就是说，提案者为了让其他成员能够理解和接受自己的提案内容，必须事先做好充分准备，对自己的想法进行认真整理。虽然在中小企业之中，部下很少会对经营者提出意见，但经营者为了履行自己的说明责任而对提案内容进行整理，也能够提高提案的品质。

二是通过意见交换，让全体成员在认识和方针上达成共识。尤其是通过讨论共享的“目标”和“方针”，是战略执行上非常重要的判断标准。这样的共识能够提高战略执行力和组织的整体感。

制订战略时“停下脚步”的重要性，如图2-1所示。

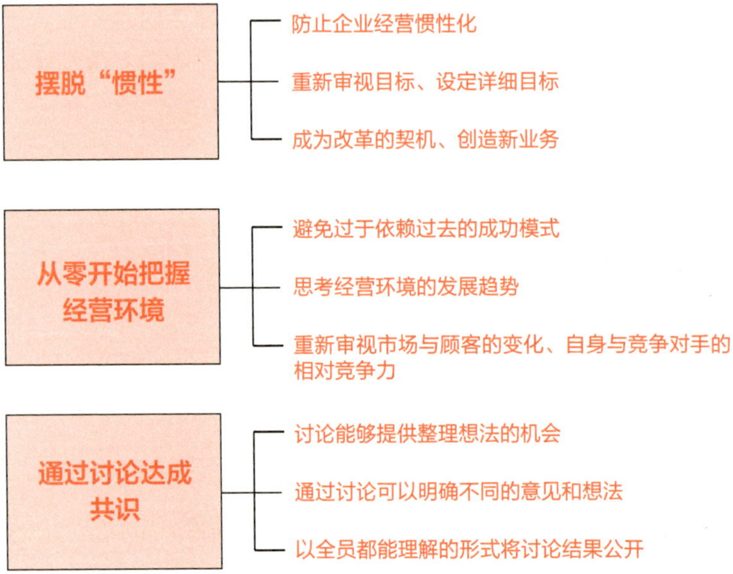

图 2-1　制订战略时“停下脚步”的重要性

4 “战略初学者”应该注意的四个关键

通俗易懂地说明“应该做什么”

在前文中，我从多个角度对“战略”进行了分析。接下来，我将制订优秀的战略时需要注意的地方整理出来作为最后的总结。

关于制订战略的方法和顺序，我将在第二部分为大家进行详细解说。在这里，我先为大家介绍制订战略的基本前提。对于不擅长制订战略的人来说，请务必牢记接下来我要介绍的四个关键内容。

■ 拓宽“信息雷达”的搜索范围，对信息有自己的“理解”

与经营一样，战略也没有唯一的“标准答案”，不存在“这样做绝对有好处，那样做绝对不行”的情况，只有逻辑清晰的战略和逻辑不清晰的战略。优秀的战略只是“成功率”更高和“成功后取得的效果”更好。

虽然没有唯一的正确答案，但我们也不能因此就随意地制订战略，或者完全按照自己的习惯来制订战略。为了提高执行战略的成功率、取得良好的效果，我们仍然有必要学习制订优秀战略的关键要素与方法。

制订优秀战略的要素之一，就是理解企业自身所处的环境。在制订战略之时，企业必须深入了解与自身所处的环境有关的信息。

或许有人觉得这是理所当然的事情，根本不用特意强调。我们往往会自以为对自己的事业“非常了解”，因为在每天的工作之中，我们就会获得关于顾客、市场环境、行业发展趋势甚至交易内幕等许多信息，所以会认为根本没有必要特意收集信息进行分析。

但不管是顾客、竞争对手还是企业所处的行业，每时每刻都在发生变化。如果我们仅凭过去的经验来制订战略，就好像是根据已经作废的规则参加比赛。

由于行业之间的界限越来越模糊，现在有些企业已经开始面临被其他行业的竞争对手或者海外的竞争对手抢走顾客的情况。随着顾客行为变化和技术创新，之前毫无关联的产品与服务现在也有了组合在一起的可能性。在这种情况下，我们在制订战略时需要了解的“环境”和我们熟悉的那个市场与行业完全不同，因此我们须重新学习与“外部”世界相关的知识。

绝大多数中小企业经营者和经验丰富的事业负责人，都对自身所在的市场、竞争对手以及整个行业都非常熟悉。但在制订战略的时候，**我们需要的不是“过去的经验”和“垂直领域的行业知识”，而是最新的、大范围的知识。**

在日常业务之中，我们可以根据经验做出判断，但在制订战略时，我们必须将自己的“信息雷达”的搜索范围扩展到更广阔的领域。

这其实并不难做到。我们可以认真地阅读经济新闻和商业杂志，有意识地开阔视野，多关注与自己所在企业和部门的事业没有直接关系的领域，养成广泛收集政治、社会、经济、技术、法律法规等相关信息的习惯。

■ 拥有自己的理解

多接收信息其实并不难，难点在于下一个阶段，那就是对接收到的信息拥有自己的“理解”。如果自己不能理解信息，就无法从中创造价值。因此，我们必须具备一定的洞察力和“对事物仔细观察、分析，找出其本质意义的能力”。

换言之，即便接收到相同的信息，但因为洞察力的差异，每个人对信息的理解也是不同的。

洞察力的差异是决定战略“品质”的关键要素。虽然想要拥有敏锐的洞察力并不容易，但我们可以通过训练来提高自己的洞察力，因此加强对自己的训练非常重要（参见第11页）。

■ 对环境进行准确分析

在制订战略时，我们要尽可能准确地把握“环境”，这一点是非常重要的。为了做到这一点，我们不仅要充分收集信息，还要对信息进行分析，找出其中对自身有意义的内容。

在这个时候，我们必须**从能够对战略造成直接影响的三个要素（顾客、竞争对手、企业）之间找到平衡点。**

这部分可能稍微有些难以理解，我将举例进行说明。

比如拥有优秀技术实力的企业，往往比较侧重于关注“企业”。这些企业因为对自己的技术实力很自信，所以关注点都放在“我们的技术”“我们的产品”上。但不管拥有多么先进的技术，如果不能满足顾客需求，或者被竞争对手超越的话，那么这种技术就无法创造出价值。

竞争对手的行动容易给自身的销售收入带来影响的零售企业，则比较侧重于关注“竞争对手”。这样的企业很可能将关注点都放在“竞争对手又开设了新的店铺”“分析对方的商品结构和促销策略”上，然后思考应对策略。但实际上，真正能够影响到自己销售收入的，是顾客需求和产品的品质。如果忽视了这些最根本的因素，零售企业就无法取得理想的经营业绩。

除此之外，还有些企业偏重于关注“顾客”。比如擅长市场营销和拥有品牌效应的企业，经常将“消费者需求的多样化”作为分析重点。把握顾客需求固然重要，但这样仅侧重于三个要素中的一个、缺乏平衡性的分析，很难取得成功。

顾客会经常对产品进行比较。即便企业的产品完全符合顾客的需求，但如果竞争对手也推出了类似的产品，那就无法保证顾客一定会购买自己的产品。企业只有实现差异化，才能使商业活动取得成功。**如果只关注顾客，企业就难以发现竞争对手与自己之间的差异，**自然也无法实现差异化。

如果企业一味地根据顾客的需求提供产品，就会使自己陷入被动的局面，难以获得理想的收益，使事业难以长期坚持下去。企业必须发挥自身的优势和特点才能持续开展商业活动。因此，企业在关注顾客的同时，也要寻找能够充分发挥自身优势和特点的机会。为了做到这一点，企业应当客观地、准确地把握自身情况，这是非常重要的。

■ 战略必须有重点

战略中提到的都是需要重点采取的措施。

认为“必须将重要的内容全都在战略中表示出来”和“战略中没提到的事情一律不做”的想法都是错误的。

以棒球比赛为例，即便球队制订了“以防守为主”的战略，击球员也不能有丝毫松懈；如果球队制订了“以进攻为主”的战略，投手也同样要全力以赴。

换句话说，要决定什么事重要并不难，难的是决定什么事不重要，以及将不重要的事情做好。

■ 战略必须有具体性

战略既不能只是罗列一步步行动，也不能只是抽象的概念。战略必须在指明前进方向的同时，落实到具体的计划上（参见第32页）。

我在本节中为大家介绍了战略的基本要素。其实大家完全不必将制订战略看作是非常困难的事情。战略只要能够通俗易懂地说明“应该做什么”即可。

制订战略的四个关键

① 拓宽“信息雷达”的搜索范围

仅凭依靠经验获得的“已知信息”，难以做到“回避风险”和“抓住机遇”

→收集更大范围内的信息

→对收集的信息拥有自己的“理解”

② 对环境进行准确分析

对“顾客”“竞争对手”“企业”的最新状况进行准确分析，避免“落后于时代”和“闭门造车”

→企业不能对自身的技术和能力盲目自信

→不与竞争对手进行“恶性竞争”

→避免陷入“市场营销至上主义”

③ 战略必须有重点

如果将所有的措施都放在战略里，会导致失去方向，不知道哪些才是重点措施

→思考“哪些内容不重要”

→除了战略上的内容之外，“日常运营”也不能放松

④ 战略必须有具体性

战略既不能只是罗列一步步行动，也不能只是抽象的概念

→能够明确地回答“应该做什么”

→必须落实到企业的具体行动上

专栏3 为员工描绘愿景

○通过描绘未来美好的愿景战胜眼前的危机

远见指的是“有先见之明”，用更通俗的话来说，就是对未来有独特的构想，并且能够将其明确地传达出来。

尽管企业员工每天都在努力地工作，但有时候也会遇到难以解决的问题。

如果企业的领导者经常为员工描绘未来美好的愿景，就可以激发员工**对美好未来的向往，成为帮助员工战胜困难的动力。**

事实上，许多取得成功的经营者都是有远见的人。即便身处严峻的环境之中，即便消极的气氛在企业中蔓延，有远见的领导者仍然能够通过描绘愿景来激发员工的斗志，使企业充满活力。

○拥有远见的条件

为了拥有远见，领导者必须“经常思考企业的中长期目标”，并拥有随时为之奋斗的态度。

同时，领导者通过将愿景放在战略之中传达出去，并与他人对其进行讨论以加深自己对愿景的思考，使自己的想法得到优化。

领导者还要准确地把握环境变化的情况，避免自己变成“井底之蛙”或者出现“唯我独尊”的想法。

这个时候，领导者需要做的关键在于尽可能地开阔视野，对周围环境进行确认。**即便是与企业的事业没有直接关系的事情，领导者也要尽可能地收集信息。**广泛的知识面和较好的修养可以让人想出独特的创意，也能使人更有远见。

第二部分

掌握制订战略的方法

学习进度表②

第二部分
掌握制订战略的方法①

□检查点

制订战略的三个阶段	□是否把握了制订战略的整体情况？ □是否理解了制订战略的各个阶段？

第二部分
掌握制订战略的方法②

□在制订战略的各个阶段，给自己擅长的事情打√，不擅长的事情打 ×

第一阶段	□对战略目标进行提问 □设定更高的战略目标 □明确战略目标 □对现有的边界条件和未意识到的边界条件发起挑战
第二阶段	□分析经营环境 □理解市场与顾客 □理解竞争对手与竞争 □分析企业 □洞察 □认识课题 □筛选课题
第三阶段	□制订多个可供选择的战略方针 □根据明确的标准对选项进行评价与选择 □根据选择的战略方针采取具体的行动 □制订执行计划和事业计划

第三章

通过三个阶段来制订战略

1 把握制订战略的流程

把握整体情况，切实地执行措施

按照顺序切实执行

接下来，我将对制订战略的方法进行具体解说。我将制订战略的流程划分为三个阶段。

在对这三个阶段依次进行说明之前，我们先来看一下整体的流程，如图3-1所示。

第一阶段
定义战略的目标与边界条件

在第一阶段，我们需要确认制订战略的前提。

战略的前提大致可以分为两个。

第一个前提是确定制订和执行战略的目标，也就是明确“战斗的目标”。

以竞技体育来打比方，这就相当于足球队“以取得联赛冠军为目标，击败宿敌A球队”。

第二个前提是明确在制订和执行战略时“能做什么、不能做

第一阶段

确认战略的前提

定义战略的目标与边界条件

· 制订和执行战略的目标是什么?

【战斗的目标】

· 能做什么，不能做什么?

【战斗的规则】

第二阶段

理解战略的目标

分析与把握经营环境和课题

· 企业身处什么样的环境之中?

【战场与三大要素（顾客、竞争对手、企业）】

· 为了达成目标，企业需要完成哪些课题?

【取得胜利的关键】

第三阶段

找出战略的答案

设定战略的方针与行动计划

· 以怎样的方针达成目标?

【战斗方针】

· 按照怎样的行动计划执行?

【基于方针的行动计划】

图 3-1　制订战略的三个阶段

什么”。

“能做什么”和“不能做什么”之间的界限，被称为“边界条件”。可能大家对这个词比较陌生，简单地说，这就是“执行战略需要的前提和条件”。边界条件作为制订和执行战略的前提，必须被明确定义。

我仍然以足球队为例，“在××预算之内可以继续买入球员增强球队实力”“赛季还没结束，不能采取容易使球员受伤的战术”就属于边界条件。

也就是说，定义边界条件就是明确“战斗的规则”。

第二阶段
对经营环境和课题进行分析与把握

在确认前提之后，我们接下来就要讨论战略的“内容”。

第一步是把握环境。在把握环境时，我们要先搞清楚“企业身处的经营环境”，也就是了解“战场”。织田信长之所以能够在桶狭间合战中击败今川义元，就是因为他事先调查了桶狭间的地形，还准确地预判了天气情况。

除此之外，我们还要对“顾客、竞争对手和企业”这三大要素进行分析和把握。比如“顾客有什么需求？会采取什么行动？”“竞争对手都有什么优势？会采取什么战略？”“企业的优势和劣势是什么？”等。

在把握环境之后，我们就要思考为了达成目标需要完成哪些课题。

比如在足球比赛中，球队就要思考以下课题：

如何彻底切断对方中场球员与其他球员的联系？

如何在90分钟的比赛中一直保持充沛的体能跟上对方的攻防节奏？

如何才能加强防守？

接下来，我们要从中找出真正重要的课题。

只要准确地找出重要的课题，我们就能大幅提高成功率，从而制订出优秀的战略。可以说，准确地把握课题，就相当于找到了取得胜利的关键。

第三阶段

设定战略的方针与行动计划

在明确了重要的课题之后，我们接下来就要决定解决课题的“方针”，并以此为标准制订“行动计划”。

如果“在90分钟的比赛中一直保持充沛的体能跟上对方的攻防节奏”是我方最重要的课题，那么针对这个课题的方针就是“全体队员采用联防战术”，而相应的解决办法就是“为每个队员安排提高体能的训练计划”“加强执行联防战术的训练”等。也就是说，我们要决定“战斗的方针”和“对策”。

在明确方针之后，接下来我们就要制订行动计划。比如由谁来制订提高体能的训练计划、训练的次数和时间安排等，根据需要采取的行动安排负责人、时间表，有时候还要分配预算。

到了这一步，我们才算是终于得出了战略的“答案”，战略的可行性也得到了进一步提高。

有时也可以反复调整

虽然我们可以分三个阶段来制订战略，但在执行的时候不一定非要严格地按照顺序进行，可以在第一阶段和第三阶段之间“反复调整”。

最常见的情况是我们在把握环境状况之后，不得不改变边界条件。比如对方球队选手的水平比预想中要高得多，因此我们也要对战术安排进行相应的调整。

“将球队的预算增加一倍。”

“不管后面的比赛会如何，我们先全力以赴拿下这场比赛。”

也就是说，**当发现课题比我们预想的情况更加困难时，我们为了解决课题而不得不放宽边界条件。**

此外，我们还会遇到战略目标发生改变的情况。比如自己球队的王牌选手状态不佳，自己就只能将战略目标调整为“能与A球队打平即可，先保证取得联赛积分”。

在实际制订战略的时候，这种“反复调整”的情况是十分常见的。

专栏 4

善于通过会议进行讨论的人更胜一筹

○确认会议讨论的价值

虽然每家企业都会召开会议，但能够在会议上充分地进行讨论的企业并不多见。对经营者、项目负责人、部门负责人等领导者来说，善于通过会议调动员工对某个问题开展讨论的积极性，绝对是一种强大的“武器”。

会议讨论可以使领导者的思路更加清晰，使员工达成共识，还能提高“杠杆效应”。可以说，会议讨论在许多领域都能发挥重要的作用（关于杠杆效应的详细说明，参见第117页）。

会议讨论的目的并不是让事先准备好的提案得到认可，而是通过讨论使提案和创意得到优化。如果做不到这一点，会议讨论就没有创造价值。

○不要自我主义，也别怕丢脸

为了使讨论能够顺利进行，会议也需要像制订战略那样按照三个阶段进行：第一阶段是尽可能具体地定义讨论（会议）的“目标”，第二阶段是找出达成目标的“课题”，第三阶段是思考解决课题的“答案”。只要按照这样的顺序，会议从“设计”“准备”到“执行”的过程就会变得清晰明了。比如“为了让其他成员多发言，自己最好少说话”“为了防止跑题，最好安排一个主持人”“为了让大家有充分的时间进行讨论，可以将会场设置在公司外”等。

此外，如果领导者想取得理想的讨论效果，就需要注意两点：第一点是“不能只想着让大家接受自己的意见”，第二点是“不要害怕在员工面前丢脸”。比如被部下反驳的时候，领导者应该坦率地承认“原来如此，这一点我确实没想到”。能够做到这一点的领导者少之又少，因此特别受人尊重。

2

第一阶段：定义战略的目标与边界条件

事前确认战略的目标与边界条件

认真把握容易被忽视的“战略的前提”

■ 制订战略的“动机”是什么？

现在大家应该对制订战略的流程有了一定的了解。

接下来，我将对各个阶段逐一进行说明。

在第一阶段，我们需要确认“目标”和“边界条件”。

对制订战略还不熟悉的人，在思考“战略的目标是什么”的时候，可能会感到非常困惑，容易出现混乱。为了避免出现这种情况，我们可以试着直接思考**“为什么现在需要制订战略”“为什么要对战略进行讨论”**，因为当我们想要制订战略的时候，一定是有原因的。

比如我们想向银行证明企业具有稳定性和成长性，希望能够得到更多的融资用于发展；我们想对员工传达企业的成长战略，要让员工知道“今后我们企业会发生巨大的变化”；我们获得了具有划时代意义的技术和创意，希望以此来扩大商业活动的规模。这些面向未来的希望都是促使我们制订战略的原因。

此外，我们可能会面对必须解决的眼前的难题。比如企业经营业绩严重恶化，如果不及时采取措施企业就会陷入破产的危机，因此我们想要找出扭转局面的办法；出现了前所未有的竞争对手，我们需要思考战胜对方的方法。

■ 通过提问明确“目标”

如果没有动机，我们就不会产生制订战略的想法。但需要注意的是，动机只是制订战略的起点，并不是最终的目标。因此，在这个时候，我们可以试着问自己：

“为什么我们现在需要制订战略？”

“为什么我们现在想对战略进行讨论？”

或许大家的脑海中都会浮现出许多答案，但这些答案可能并不清晰。

请大家回忆一下之前提到过的登山的例子。这就像是我们打算“通过登山来转换一下心情”，但是还没有决定究竟要登哪座山的状态。

为了搞清楚这些问题，**我们必须思考自己的“成功标准”。**比如“通过制订战略，我们希望取得怎样的成果”“如果能够取得××等成果，这个战略就算是成功的”。通过思考这些问题，我们就能使目标变得明确。

如果能够像下面这样将追求的目标具体化，就可以使战略的目标变得明确。

凭借新获得的30亿日元的融资，我们终于可以成功地进军东盟市场了。

凭借以全新技术为基础开发出的新产品，我们取得了远远超出预期的业绩。

应对新竞争对手的战术取得了成功，即使对方参与竞争，企业的市场份额也在不断扩大。

此外，如果你想到了自己的答案，请务必要写出来（关于书写的重要性请参见第90页）。

■ 确认边界条件

在第一阶段，我们必须明确“能做什么、不能做什么”的边界条件。接下来，我将针对这个问题为大家进行详细说明。

以棒球为例，假设有一个本赛季取得联赛第五名但希望下赛季取得前三名以获得进入季后赛资格的球队。这支球队在思考明年的队伍建设和比赛战略的时候，必须先明确能做什么、不能做什么。

比如球队的资金并不充裕，没办法通过交易获得明星球员；球队的管理层比较重视球场的上座率，可能会对教练在比赛时的排兵布阵进行干涉。

明确边界条件并不是一件容易的事情，因为我们在日常工作中往往不会意识到这一点，很多人对此没有多少经验。

因此，我推荐大家利用边界条件的框架来帮助自己进行把握（参见第81页）。

在这个时候，我们应尽可能消除“不能做的事”，这是非常重要的。在讨论战略的时候，我们应该尽力提高战略的自由度。

第一阶段要做的事情

明确战略的目标

- 思考“为什么现在需要制订战略”“为什么要对战略进行讨论”
- 思考取得怎样的成果，这个战略才算成功
- 将上述思考的答案尽可能简洁而具体地写下来
- 将写出来的内容拿给别人看，确认是否能够将意图准确地传达出来
- 对思考的答案进行自我检查，根据检查的结果对战略进行修改

重新定义制订战略时的边界条件

- 根据边界条件的框架，将企业每天的情况都具体地记录下来（无意识中做了不该做的事也要记录下来）
- 只保留制订和执行战略时绝对不能做的事情，将其他内容都删除
- 对保留下来的内容逐一讨论是否属于真正的边界条件，将论据不充分的内容删除
- 再次针对剩余的内容逐一讨论是否还有能继续删除的内容，并检查是否有遗漏的内容

3

第二阶段：分析与把握经营环境和课题

通过筛选课题把握“取得胜利的关键”

准确把握“战略的目标”

■ 从微观与宏观两个角度对环境进行分析

第二阶段包括分析环境和把握课题两个部分。

对“经营环境”“顾客”“竞争对手”“企业”进行分析，是制订战略的基础。

可能有人觉得这是理所当然的事情，根本不用特意说出来，但实际上很多企业在制订战略时都忽视了这一点。

正如第42页提到过的那样，越是经验丰富的经营者，越容易落入成功经验的“陷阱”。即便是有十几二十年从业经验的经营者，在制订战略的时候也必须停下脚步，对企业所处的经营环境进行广泛的、体系化的分析。因为不管是市场、竞争对手还是企业，每天都在发生着意想不到的变化。

那么，具体应该怎么做呢?

我们可以先**从“政治”“经济”“社会”“技术”“法规”等宏观的角度对信息进行收集和分析，思考“现在世界都发生了什么事情”“今后还可能发生什么事情”“为什么会发生这些事情”等问题。**

即便“广泛而浅显”也没关系，我们应当尽可能地通过公共媒体文章、行业研究报告等多种渠道收集信息。

但在当今这个信息“爆炸”的时代，为了避免收集太多无用的信息，我们可以利用框架来提高信息收集的效率和品质（关于相关框架的详细内容请参见第100页和第102页）。

从宏观的角度对信息进行分析之后，接下来我们就要**从微观的角度对能够直接影响到企业的因素（顾客、竞争对手和企业）进行分析。**我们最好将思考的结果一条一条地都写出来，这样可以帮助自己加深思考。

■ 思考信息的本质

从罗列出来的信息中能够解读出什么内容，将极大地影响战略的“品质”。优秀的经营者和创业者，都拥有优秀的“洞察力”。

比如社交网络服务迅速普及；《宝可梦GO》成为热门游戏，人们边走路边玩手机成为社会问题；大数据引发各方关注；全球水资源短缺；《全面与进步跨太平洋伙伴关系协定》前景不明……像这样将信息罗列出来，这些信息不可能对自己的企业毫无意义。如何找到这些信息与企业之间的联系以及如何理解这些信息都是非常重要的。

以日本战国时代的战斗场景为例，当发现“风向改变”的事实之后，将领就要想到“可能要下雨”，然后思考“我军使用火枪作为武器，要在下雨前及时开战”。将领也可以从战场地形的角度来分析，“下雨后道路会变得相当泥泞，部队在上坡路上很难行军”。

我们也可以使用上述方法从与“顾客”“竞争对手”“市场”相关的内容之中找出对企业有重要意义的信息。

有时候，我们从一条信息（比如有关竞争对手的信息）之中就能获得非常重要的提示；有时候，我们需要将多条信息进行组合才能把握事实的关键（关于顾客、竞争对手和企业的组合请参见第五章的案例）。

■ 把握课题就能提高执行战略的成功率

在了解环境之后，接下来我们就要搞清楚“为了达成目标，需要解决哪些课题”。

以棒球比赛为例。假设对手的球队拥有能够投出球速非常快的球的王牌投手，如果想要战胜对方，所有人先想到的课题肯定是“如何从这位王牌投手身上得分”。

在这个时候，我们可以根据对环境进行分析之后得到的信息进行更加深入的思考。

假设根据这位投手的实战数据和现在的状态，我们可以得出以下的结论：

对方投手投出的直球难以被打到，因此我方的击球员应该尽量击打他投出的变化球。当体力不足时，他就会频繁投出变化球，但他的控球力不强，我方的主力击球员很有可能打出长打。

根据上述结论，我们就可以把握具体的课题：

如何在对方投手体力耗尽之前，不被对方领先太多分数？

如何让对方投手多投球，消耗他的体力？

如果我方的击球员没有把握住对方投手投出变化球的战机，我们应该怎么办？

课题一旦被具体化，我们就很容易想出对策。只要解决了关键课题，我们战胜对手的概率也会大幅提升。

但我们绝对不能从“必须从对方的王牌投手身上得分”这个抽象的课题中直接提出“让第四棒击球员也打短打”“我们派出小张做先发投手”之类的解决办法。**将抽象的课题具体化是非常重要的步骤，绝对不能省略。**

把握课题的方法如图3-2所示。

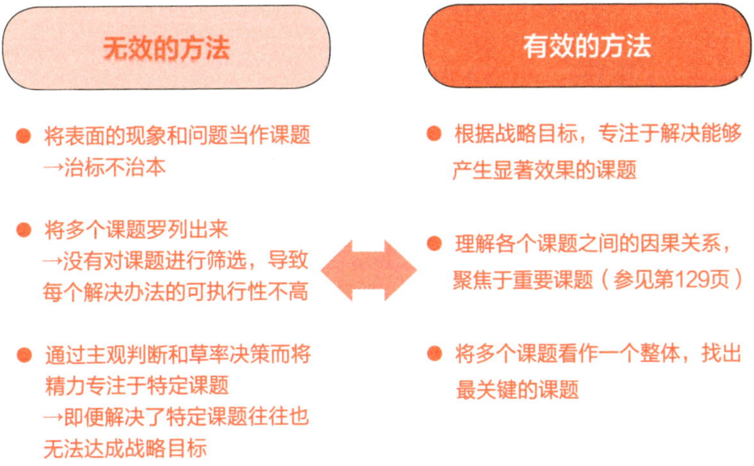

图3-2　把握课题的方法

4

第三阶段：设定战略的方针和行动计划

“答案”由“方针”和“措施”两部分组成

寻找高效的答案

■ 没有方针会导致力量分散

在最后的第三阶段，我们需要找到达成战略目标的“答案”。

答案不能只是罗列具体行动，而是由“采用××战斗方法”（方针）和“根据方针，具体采取××行动”（措施）两部分组成。

如果没有方针，我们就无法将力量集中起来形成叠加效果，甚至可能出现力量分散导致效果相互抵消的情况。

■ 方针是“判断标准”

如果没有明确的方针，组织就会失去凝聚力。

比如在棒球比赛中，二垒的跑者来到三垒之后，对是否应该继续冲向本垒产生了犹豫，导致他的奔跑速度下降，在本垒被触杀出局。大家可能见过类似的场面。

如果事先让全员都明确作战方针是“采用保守的战术，把握住为数不多的机会争取得分”，那么状况肯定会有所不同。

二垒的跑者可能会因为“采用保守的战术”，所以在跑上三垒后就不再继续冒险。他也可能会认为这是为数不多的机会，为了争取得分而全力跑回本垒，或许就不会被触杀出局。

用足球比赛来打比方的话，这就相当于采取了“以防守为主，保平争胜”的战术。这样一来，本方球员就不会大举压上进攻，而且在对方进攻的时候也会出于安全起见在第一时间将球踢出边界。

当我们面对具体情况需要做出判断时，明确的“方针”能够极大地提高判断的效率。也就是说，方针是“感到困惑时全员共同的判断标准”。

■ 根据方针采取措施

但如果我们只有方针却不采取行动的话，也是无法达成目标的。为了达成目标，行动是必不可少的。因此，我们要根据方针采取措施。

比如在足球比赛中，我方将比赛目标设定为“以1：0的比分战胜对手”，那么在比赛时，我方就应该采取加强防守、全场紧逼、派出拦截型前锋等具体措施。

有了明确的战略方针，并采取了具体措施，我们就能实现“One for All, All for One”（我为人人，人人为我）的效果。

战略也是一样。

专栏5 目光长远、打破现有观念

○制约越少，越能挑战更高的目标

设定战略目标的标准，是领导者的重要职责（参见第27页）。

那么，具体应该设定怎样的标准才合适呢？关于这个问题我将在第77页进行详细解说。如果用一句话来概括的话，就是“尽可能设定高标准的目标”。

要想制订出优秀的战略，我们就不能沿袭之前的做法。具有独特性和创新性的战略，离不开高标准的目标。为了实现高标准的目标，我们必须打破现有观念、消除制约（边界条件）（参见第64页和第85页）。

设定目标与边界条件之间存在着非常紧密的关系。如果设定的目标比较高，我们就必须放宽边界条件。放宽边界条件，可以使员工更有干劲，从而能够为实现更高的目标而努力。这样一来，就能形成提高目标→减少制约（边界条件）→提高思维和活动的自由度→产生新的创意→提高达成目标的概率→设定更高目标的良性循环。

○领导者要拥有远大的目标

提高目标还有利于实现创新。很多人以为创新是突然出现的，但这个观点完全是错误的。只有领导者拥有长远的眼光，坚持“先人一步”思考，企业才能在创新的机会到来时，将其紧紧抓住。换言之，正因为领导者拥有远大的目标，员工才能不受诸多因素的制约，挑战更高的目标，想出全新的创意。从这个意义上来说，领导者拥有远大的目标是创新的决定性因素。

第四章

第一阶段：
定义战略的目标和边界条件

1 正确把握战略的目标

不要将“目标”和“动机”混为一谈

■ 制订战略不是例行公事

接下来，我将对制订战略各阶段的具体方法进行说明。

制订战略的第一阶段是确认战略的“前提”。

因为需要制订下一年度的预算，所以很多企业都在每年的秋季开始思考战略。

此外，企业在制订中期计划的时候，一般来说也要先确定作为中期计划基础的战略。

但不管是为了制订“预算”还是为了制订“计划”，这些都是制订战略的动机，而非目标。我们绝对不能将制订战略当作每年都要做的例行公事。

制订战略的第一步是明确“这次制订的战略的目标是什么”。

即便是同一家企业制订的战略，在“业绩持续低迷，需要扭亏为盈并稳定盈利”的状况下和在“业绩顺利恢复，接下来要创造出更多的利润”的状况下，战略的目标以及内容也完全不同。

战略的目标是实现常规运营和改善无法实现的事项。也就是说，当企业面临“岔路口”或者“大决战”的时候，战略是必不可少的。如果我们将战略作为例行公事，就会使其失去价值。

“岔路口”和“大决战”换一种说法就是“出现机会的时候”和“面对威胁的时候”。比如企业的销售收入和利润不断下降，市场份额被大幅蚕食，回头客越来越少的时候；企业开发出具有划时代意义的新产品，而竞争对手的大客户则开始寻求新的供应商，企业面临巨大的市场机会的时候。

优秀的经营者能够在这些变化明显地表现出来之前就凭借“远见”做出预判，事先觉察环境的变化并制订相应的战略。比如“虽然现在业绩还不错，但五年后顾客需求和行业结构都会发生巨大的改变”，因此企业应当调整战略以适应未来的经营环境。

■ 具体、简洁且明确

战略的目标应该如何表述呢？请看以下事例。

（1）长期战略：对企业进行改革，转变业务模式，提高企业的利润率，对成本结构进行根本性改革（制造业企业）；为了能够把握市场结构变化带来的成长机会进行整体改革（服务业企业）。

（2）中期战略：达成××年度的经营目标，取得有史以来最高的销售收入与利润（消费品生产企业）；建立第二与第三核心事业（餐饮企业）。

(3)特定市场战略：加快× ×市场的事业发展速度(食品生产企业)。

由此可见，表述战略目标的关键在于具体、简洁且明确。

2 制订具有挑战性的目标

目标太低无法激发创新思维

■ 转变思想促进改革

在确认战略目标之后，企业一定要提出一个具有挑战性的目标，让人感觉“要想达到这个目标有点不太可能”的难度刚刚好。

在讨论的阶段，企业就应该让自己的格局大一些，这样做的目的只有一个，那就是开阔思路。

提出具有挑战性的目标，可以使企业不得不扩大边界条件涵盖的范围，去尝试之前从未接触过的领域。

反之，如果设定的目标易于实现，企业就会继续沿袭之前的方法，无法开阔思路、实现变革。

请大家想象一下这样的情况。

有一家具有30年历史的生产企业，从创业初期一直到目前为止都通过固定的几家代理商来销售自己的产品。

但在一年前，这家企业开发出了新产品，内部出现了这样的声音：“为了最大限度地提高这款产品的销量，我们最好能够与终端用户建立直接联系。这样，我们就能让用户充分理解这款产品独特的价值，从而使这款产品成为热门商品。这样做能够使我们的业绩得到大幅提升。”

在这种情况下，目标的高低将直接影响企业的后续发展。

如果企业将这款新产品一年后的销售收入目标设定为比目前提高20%，那么业务模式和战略都不需要太大的变化。

企业会认为“和我们长期合作的代理商很值得信赖，他们也很了解我们的产品。只要把这款产品的卖点准确地传达给代理商，凭借他们的力量就能实现将这款产品的销售收入提高20%的目标”。因此，企业不会对销售渠道和销售战略进行改变。

但如果提出将这款产品一年之后的销售收入提高100%的目标，会是怎样的结果呢？

如果企业继续沿用以前的办法，恐怕很难达成这个目标。

企业可能会认为“要想让这款产品的销售收入提高一倍，就必须让尽可能多的顾客感受到这款产品的魅力。这样的话，我们就只能尝试采取直销的方式，不但可以降低销售费用还能及时根据顾客的意见对产品进行改良，可谓是一举多得”。

像这样对战略进行讨论，可能还会促使企业对业务模式和销售活动进行改革。

■ 打破心理上的枷锁

改革难免会遇到“反对”和“抵抗”。企业规模越大，历史越悠久，遇到这种情况的可能性就越大。即便是经验丰富的经营者，内心之中也可能对改革存在犹豫和怀疑。

之所以会出现这种情况，原因之一就是人类有一种出于本能的对改变的抗拒反应。“在两三年内将销售收入提高一倍，之前从没做到过”，当面对之前从没遇到过的情况时，人类的第一反应都是拒绝。也可以说，在这种情况发生时，之前的经验反而变成了一种阻碍。

还有一种原因是害怕风险。

“说出那样的话，要是让我承担责任该怎么办？”

“提出那么大胆的目标，一旦失败岂不是会造成巨大的损失？”

但事实上，在讨论战略的时候，大家并没有做出最终的决定，也没有决定出谁来最终负责执行，更没有投入任何成本……因此，我要再次强调，**在讨论阶段，请大家让自己的格局大一点、胆量大一些。**

绝大多数成功的创业者都敢于提出大胆的目标。即便没有创业者那样的胆量，我们至少也可以让自己的格局大一些，开阔自己的视野和思路，就可能制订出品质更高的战略。

设定更高的目标，可以让我们拓展边界条件，如图4-1所示。

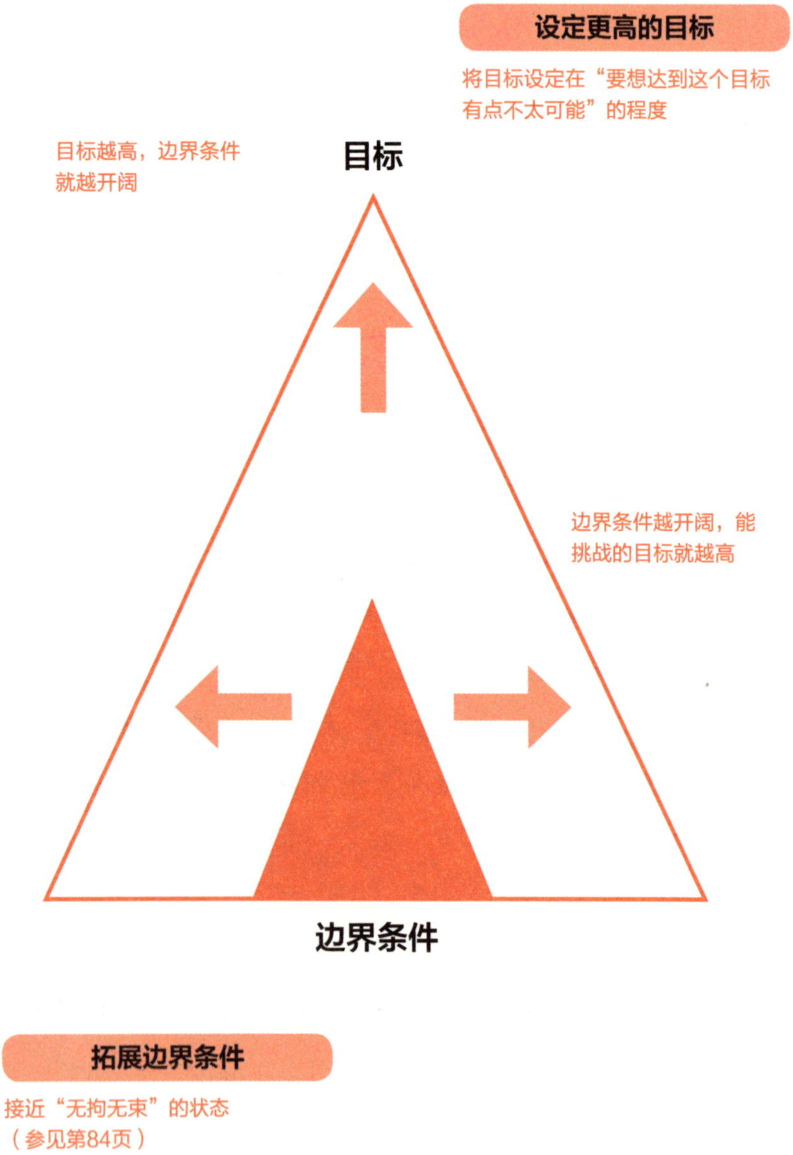

图 4-1　设定更高的目标，拓展边界条件

3 确认边界条件，减少“制约”

制订战略时的“制约”越少越好

■ 按照“体系”将边界条件写出来

在第一阶段，我们需要确认战略的目标和边界条件，最有效的方法就是根据“边界条件的体系（框架）”，将所有的边界条件都写出来。

请看图4-2，这是各种边界条件的体系化示意图。不过有一点需要注意，我在这个体系当中省略了必须遵守的法律法规。

位于最上方的“价值观”是普遍性最高的一类边界条件，基本不会发生太大的改变。创业者的理念和企业的宗旨等就是最有代表性的例子。

在“价值观”的下方是战略方针，包括“长期愿景”“集团战略”“企业战略”等。这是在比较大的框架下确定的企业“方针”。

再下方是“业务模式”和“事业领域”。“业务模式”决定了与“企业运营什么功能”“其他功能委托给谁负责”“企业的各个功能，在什么地方如何运营”等组成事业的功能相关的“Who（谁来做）、Where（在哪里做）、How（怎么做）”。

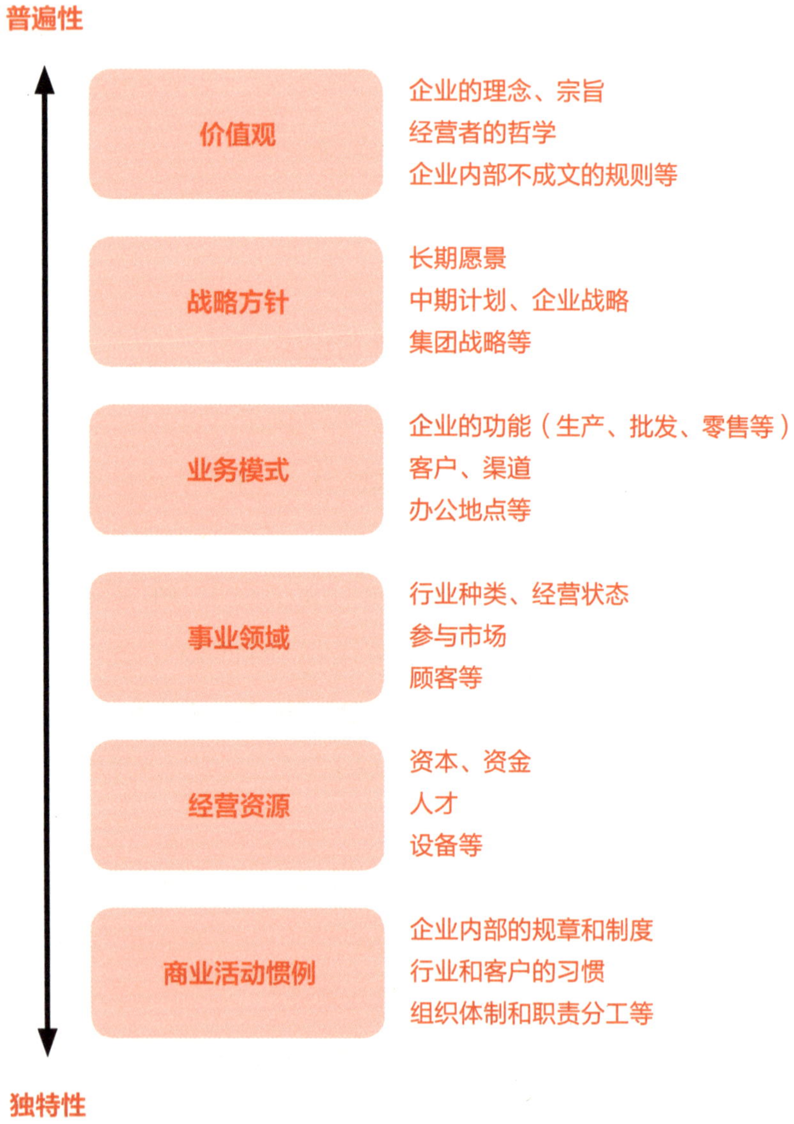

图 4-2　各种边界条件的体系化示意图

“企业不直接对顾客进行销售”或者“企业的产品全部由自己的工厂生产”等要求，就是业务模式的边界条件。

“事业领域”指的是企业经营的领域和市场。比如“我们企业要坚持只做零售业务，绝不参与产品生产”“我们的产品面向全世界的市场”等就是边界条件。

在定义边界条件时比较难以判断的是**“经营资源”**。“人才不足”“资金不足”毫无疑问都属于“制约条件”，但在思考战略的时候，是否将这些制约定义为边界条件，是非常重要的判断。

除此之外，企业内部的规章和制度、行业和客户的习惯等“商业活动惯例”有时候也会成为边界条件。

比如“制订生产体制的改革方案属于工厂管理层的职责”，“那个大客户从来都是自己挑选商品，不接受我们销售人员推荐的商品”等都属于边界条件。

如果无条件接受所有边界条件，我们就无法制订出能够实现成长和变革的战略。因此，我们应该尽可能地消除边界条件，用更广阔的视野和更开放的思维大胆地进行思考。

但实际上，企业在制订战略时存在着非常多的边界条件，更麻烦的是，其中还有一部分是“无意识”的边界条件。

因此，我推荐大家**在制订战略的时候，利用上述框架将所有的边界条件都写出来。**

■ 尽可能减少现有的边界条件

我们接下来的重点工作就是尽可能地减少边界条件。**在讨论阶段，我们最好能将边界条件减少到零，创造出一种接近“无拘无束”的状态。**

如果消除某个边界条件就可能做到之前从没有做到过的事情，取得前所未有的成果。那我们就应该将消除这个边界条件可能产生的风险和成本，与最终取得的成果进行比较，然后再做出判断。

正如前文所述，通过将“不能做”变成“能做”，我们就能够挑战更高的目标，使思路变得更加开阔。

相反，如果“这也不行，那也不行”，思路就会越来越窄，企业就难以实现变革。企业一直遵守之前的边界条件或许是最为稳妥的办法，但也无法取得更好的成果、达成更高的目标。因此，我们应该根据框架，将能想到的所有边界条件都写出来，然后逐一分析是否能够将其消除。

可以像下面这样以尽可能减少边界条件为前提对边界条件进行重新定义：

我们必须坚守企业理念，这是非常重要的边界条件。

虽然集团的长期愿景也非常重要，但如果与之相反的战略有可能取得巨大的成果，或许能获得特批。我们可以考虑将这一条从边界条件中消除。

虽然我们以前从没有做过直销，但考虑到市场环境的变化，这次的战略可以将直销也考虑进去。

这次的战略需要最大限度发挥本企业独特的生产技术，因此最好不要让同时销售其他企业产品的代理商参与进来。

确认是否可以消除边界条件

在进行上述确认作业的时候，我们可能会遇到非常重要的边界条件，难以判断是否应该将其消除。

在这种情况下，我们需要明确“必须清除什么边界条件”“为什么要清除这个边界条件”“清除这个边界条件之后，能够取得什么效果”，然后与战略的决策者直接进行确认。如果你自己就是决策者，请向提案者询问上述问题，然后根据答案做出判断。

比如以下这种情况。

假设某化妆品生产企业正在制订将重点新产品导入市场的计划，你是这个项目的负责人。

这款新产品采用了非常尖端的科技，具有前所未有的效果。你认为只要将这款产品的独特功能以及科技创新之处准确地传达出去，获得媒体、零售商、消费者的关注，这款产品就能成为“热点”，使目标消费者产生强烈的购买欲望。

但要想将这款新产品的效果与创新性准确且通俗易懂地传达给消费者，同时突出这款产品的差异性，你就必须采取企业之前从未尝试过的直销方式。因为这种方式可能会遭到大型代理商和零售商反对，所以采用直销方式销售就是边界条件。

为了充分地将这款新产品的效果与创新性传达给经销商，最好的办法就是让与产品开发相关的技术人员组成特别工作组，直接针对大型代理商和零售商展开销售活动。但这样做就可能会影响销售部门的业绩，肯定会遭到销售部门反对。

这款新产品具有极大的潜力，为了能够最大限度地发挥出这款产品的潜力，在将其推向市场的时候，企业必须大力宣传。但这样做就必须投入大量广告宣传和促销费用，这肯定会严重超出当期的部门预算。

综上所述，在这种情况下，以上三个边界条件都必须被消除。你需要将消除这三个边界条件之后的效果进行定性和定量分析，并且对企业的最高负责人进行说明，确认是否可以消除这些边界条件。

虽然定义边界条件是非常困难的工作，但这是制订战略不可缺少的流程，会对战略分析的结果产生重大影响。

尤其是独自一人制订战略的时候，如果不将边界条件全部消除，我们就难以开阔思路，无法想出有价值的创意。

4 找出隐藏的边界条件

要特别注意自己没有觉察到的“无意识的思考限制”

■ 隐藏在潜意识中的束缚

企业中存在着各种各样的边界条件，其中有一些是因为“惯性”和习惯沿袭下来的边界条件。

这些沿袭下来的边界条件大多会在无意识的情况下在整个企业中深入人心。在重新定义边界条件的时候，我们必须特别注意这一点。

“为什么要使用这种方法？”

“为什么不能那样做？”

当产生这样的疑问时，我们一定要对问题进行检查，经常试着问自己：“为什么我们必须这样做？”“为什么我们不能那样做？”

即便你能够立刻回答出原因，也要继续思考：这个原因现在是否仍然有意义？在这次的战略分析中是否值得继续遵守？如果答案是否定的，那你就可以将这个边界条件消除。

如果你不能回答出原因，那就向上司或前辈请教。如果对方回答说“这是创业者的想法，我们为了尊重他，所以都这样做”或者“根据××讨论的结果，除非出现××的状况，否则我们都不会那样做”，而且你也能够接受，那这就属于有效的边界条件。

但如果对方回答说“听说这是老领导××的要求，因为当时发生了××，所以他做出了这样的决定”，像这种将过去的事情与判断直接作为根据的情况就需要特别注意，应该继续追问“为什么他当时会做出这样的决定”，搞清楚以前究竟是在怎样的状况下做出了怎样的判断。

如果这种边界条件在当前的状况下仍然适用，那你就必须继续遵守。否则的话，不管这个边界条件是谁提出来的，你都应该将其清除。

■ 回到“白纸”的状态

我建议中小企业的经营者**将每天都作为规则遵守的事情全都写出来，然后只保留必须遵守的部分，将其他的内容全部删除。**

判断的方法非常简单，你只需要问自己以下两个问题。

“为什么我们必须这样做？”

“为什么我们不能这样做？”

比如你每天都在强调“我们只销售自己生产的产品”，但也许这只不过是因为你有“我们是制造业企业，当然要销售自己生产的商品”这种先入为主的观念罢了。

或者企业上下一致认为“绝对不能停止与A超市的业务往来”，但实际上经过认真分析和讨论，发现随着环境变化，这一边界条件早已失去了存在的意义。

5 通过“书写”整理思路

时刻牢记写下来的“目标”和“边界条件”

在制订战略的过程中，“书写”这项作业是非常重要的。为了明确“战略目标”“边界条件”“重要课题”，书写是非常有效的方法。

书写有两个好处。

■ 书写的作用①：整理思路

书写的第一个好处是能够整理自己的思路。

虽然在大脑中进行了各种各样的思考，但是很多人没有对自己的思路进行整理。

这样在对别人进行说明的时候，他们就可能会出现逻辑混乱、思维跳跃、结论似是而非等问题。

但如果我们将思考的结果“书写”出来，就不能模棱两可，必须将似是而非的部分彻底想清楚。“书写”可以促进大脑对思路进行整理。

此外，在对边界条件进行定义时，“书写”也可以将大脑中的思路系统化地整理出来。

“写成文字”的行为与素描十分相似，因为都要重复“下笔、修改”的过程。在这个过程中，你的思路也会得到优化，这会使你思考的内容更加清晰、论点更加准确，更容易对他人进行说明。换言之，书写不仅能够帮助你提高表达的效果，还能提高思考的质量。

■ 书写的作用②：做决定

书写的第二个好处是可以给自己提供一个做决定的机会。

有些人之所以对“书写”感到头疼，就是因为在书写的时候自己必须做出决定。可以说，书写是对自己思考深度的“测试”。

正如我接下来要提到的那样，在制订战略的时候，具体而简洁的表述是非常重要的，因此必须适当地进行“取舍”。也就是说，我们需要做出“是白还是黑”的判断，而“书写”在促使我们做决定的过程中发挥了巨大的作用。

■ 具体而简洁的重要性

制订战略时“书写”的难点在于必须具体且简洁。

如果不要求具体，那么写得多简洁都没问题；如果不要求简洁，那么写得多具体都没问题。但如果同时要求写得具体而简洁，那就会非常困难。

在书写时，我们最需要注意的就是不要写得过于冗长，因为太冗长的文章会使人难以把握重点。因此，**战略目标最好控制在50个字左右，**尽量做到言简意赅。

那么，要如何实现这个目标呢？

要做到“具体”，我们先需要注意的就是不要使用“放之四海而皆准”的内容和表述。

比如“以满足客户需求为目标”，这种具有普遍性的表述方式就过于抽象。因此，我们在制订战略时，不能只停留在这个层面上，还要继续深入思考。

在这个例子中，为了表述得更加具体，我们可以从两个切入点着手：一个是“什么样的顾客”，另一个是“顾客希望我们做什么”。也就是说，**我们要对自己有一个明确的定位。**

这也是我要求大家必须用笔写出来的原因。如果只是用嘴去说，你就可能“东扯一句，西扯一句”地蒙混过去。但如果要写出来的话，你就必须先有一个明确的定位，然后在这个基础上将要素全都写出来。

在这个例子中，“时间紧迫的都市消费者”“以最快的速度……”等表述形式就符合具体而简洁的要求。

写完之后，我们可以通过思考“将这个内容放在一年前、其他事业或者竞争对手的身上，能适用吗”“别人读完之后能理解我的意图吗”等问题来提高文字内容的具体性，直到自己能够自信地回答“是”为止。

在设定目标的时候，我们最好用数字来进行表达，否则就容易使目标变得不明确。

比如“行业领先”“飞跃性”等表述形式就不够具体、明确。

在这种情况下，我们可以试着用“从行业排名第四位提高到第三位，向第二位发起冲击”“将销售收入增加50%”的表述形式来让目标显得具体而明确。

即便目标不是定量的而是定性的，也可以用“与目标客户所处行业的全球化企业开展业务往来”的表述形式使目标变得明确。

■ 不使用流行语

在制订战略时，我们还有一点需要注意，就是前文提到过的“不要使用流行语”。

比如零售业很流行“全渠道”这个词。实际上，有很多企业的战略中会有“推进事业的全渠道化”之类的表述形式。

全渠道的定义多种多样，实际情况也因企业的不同而有所不同。毕竟这是全世界都在用的流行语，因此会有这种情况也是理所当然的。

因此，即便提出了“全渠道化”，也应该具体说明自己所在的企业要如何将“虚”与“实”相结合构建业务模式。比如像下面这样将“应该怎样做”都具体地说明清楚：

根据客户的需求，我们在实体店和网店以同样的价格和同样的时间提供同样的商品。

我们将所有的顾客信息综合起来，利用实体店和网店等各种渠道，为顾客提供最优质的商品和服务。

顾客可以在任意时间以任意的方式确认商品信息、下订单、支付和收货。

综上所述，最好将“全渠道”之类的流行语从文章中删除，替换成具体的表述形式。

流行语的可怕之处在于，当你使用流行语的时候，文章的内容就会变得缺乏新意，使你不会继续深入思考。别人在看到流行语之后，也会将思考停留在浅层状态，无法得到更深层的信息。

将自己的思路转变为文章确实是一件非常困难的事情。如果不经过仔细思考，我们就无法写出具体而简洁的文章。

通过将思路书写出来，我们可以使自己的思考更加清晰，也更容易让别人理解。

如果有机会的话，我们最好将自己写出来的文章拿给别人检查一下。对方可以是部下、上司或者同事。

当对方看完之后，我们可以询问对方：“你认为我想表达的是什么意思？”如果你发现对方给出的回答和你想要传达的信息有很大差异，那就必须对文章进行修改。在修改的时候，你应该保留原文，这样可以更有效地帮助你加深思考。

专栏 6

获取促使人行动的“工具”

○仅凭职位和资历无法让部下行动起来

虽然在制订战略时领导力是必不可少的，但除了上传下达的领导方式之外，人尽其才地安排成员承担不同的任务、激发成员的积极性使组织顺利运转、促进成员间相互合作和发挥杠杆效应（参见第117页）等，都属于领导力。

本书因为篇幅有限，所以无法将关于领导力的内容全部展开进行详细说明，但我希望大家能够记住一些关键内容。

领导力的公式，如图4-3所示。××是领导的对象，比如人才、组织或者项目等，而○○则是领导力的基础，也可以说是领导的“工具”。

需要大家注意的是“什么是○○”。○○不仅是“职位”“资历”以及附属的“权威”，仅凭尊敬和敬畏无法让他人忠心耿耿地追随自己。

Leadership=Lead ×× with ○○

领导力就是带着 ○○ 领导 ××

○○：领导力的基础	××：领导的对象
——愿景、远见、志向、梦想……	——人才、部下、团队成员、追随者……
——洞察力、知识、教养、能力、技术……	——组织、企业、部门、团队……
——热情、执行力、努力、人脉……	——战略执行、改革、措施、项目……
——经验、业绩……	

图4-3　领导力的公式

○改变与他人的交流方式和自己的行动模式

除了职位和资历之外，○○还包括热情、愿景、逻辑、业绩、能力与技术、知识与信息、人脉等，基本上指的是充分发挥一个人的“优势”。

但**特定的××和○○之间存在着相辅相成的关系。**比如有的人仅凭热情无法行动起来，有的变革仅凭逻辑也无法实现。

因此，在理解自己的○○的基础上，你还要下意识地增加不同的○○。这样你就能够应对更多的××，从而改变与他人的交流方式和自己的行动模式。

专栏 7

尽早参与重要项目

○在什么情况下，领导者应该亲力亲为?

让我们继续对领导力进行分析。

身为领导者，亲力亲为也很重要。这指的是针对重要项目，领导者要亲自制订“措施”和“解决方案”，并执行与实践。或许这和大企业的领导者与传统的领导者给人留下的印象有所不同，但实际上是非常重要的。

现在，不管企业规模大小，许多优秀的领导者都开始亲自参与重要的项目之中。

对于中小企业来说，领导者经常需要在现场亲自指挥，亲力亲为是理所当然的事情。但需要注意的是，**如果所有的事情都由领导者亲自动手，可能会降低组织的灵活性和员工的积极性。**因此，领导者应该在组织面临危机或机会的关键时刻发挥自己的能力。也就是说，领导者要把握好亲力亲为和适当放权之间的平衡。当然，为了能够在关键时刻挺身而出，领导者也必须掌握必要的能力。

○通过“前置加载”提高组织的生产效率

在推进工作进展的时候，“前置加载”也很重要。这指的是**在流程的初期阶段增加负荷，先完成重要任务的方法。**这种方法对于提高工作质量和组织的生产效率是必不可少的。

比如领导者在项目初期就投入大量时间和精力，针对这个项目的“目标”“理由”以及当时的“假设”对员工进行说明，或者引导员工进行讨论，就可以极大地提高后续工作的品质和效率。

第五章

第二阶段：分析与把握经营环境和课题

1 从两个角度对经营环境进行分析

从宏观与微观两个角度进行分析

制订战略的第二阶段是分析与把握经营环境和课题。

我们先来看如何分析经营环境，分析经营环境分为两个角度：宏观角度和微观角度。

■ 利用FAW分析把握宏观环境的变化趋势

想要从宏观角度分析经营环境处于怎样的状况、发生了哪些变化，我们就要把握被称为FAW（Force At Work，能够产生影响的各种力量）的环境变化趋势。简单来说，这就是要求我们**把握能够对企业或事业产生影响的“政治”“经济”“社会”“技术”“法律法规”等领域的宏观环境的变化趋势**，如图5-1所示。

在每天看新闻的时候，我们就可以认真地收集信息，分析这些信息对自己所在的企业具有怎样的意义。

在分析经营环境的时候，我们往往容易被眼前的“现实”吸引，使我们的目光变得短浅。但在制订战略的时候，我们不仅要从微观的角度分析，还要从宏观的角度把握经营环境。

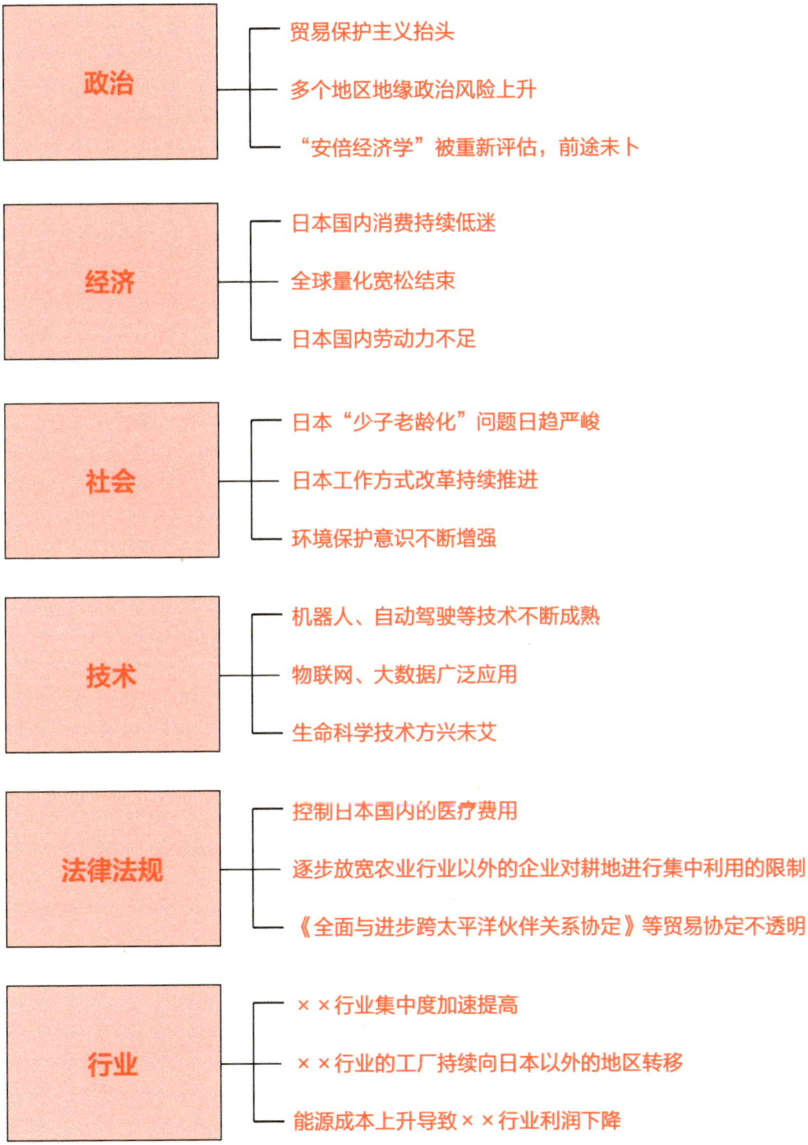

图 5-1　FAW 分析的典型项目及其内容

“政治和社会的变化不会对自己所在的企业经营造成太大的影响 。”

很多人都有这样的想法。虽然政治和社会的变化可能没有对企业产生直接影响，但可能会对企业的顾客造成影响，导致顾客的需求发生变化，结果给企业的产品销售工作带来巨大的影响。因此，在思考战略的时候，我们必须以“技术”“经济”“社会”为中心，对宏观环境的信息进行收集和分析。尤其是现在物联网、数字化等技术创新日新月异，所以把握技术的发展趋势以及影响范围就显得尤为重要。

此外，我们也要提高对行业相关的法律法规和政策信息的关注度。

要想把握经营环境的变化，我们就要坚持经常思考“现在发生了什么”，将自己在意的事情逐条写下来，这是一种很有效的方法。

■ 利用“3C”分析微观环境

在把握了宏观环境的变化趋势之后，我们接下来就要对企业所处的微观环境进行分析。

商业活动中最重要的微观环境就是“顾客”“竞争对手”“企业”这三个要素。对这三个要素进行分析的最有效的框架就是“3C分析”。

3C指的是顾客（Customer）、竞争对手（Competitor）和企业（Company）。本书将对利用3C分析把握事业环境的具体方法进行详细说明（参见第108页至第123页）。

利用3C对企业所处的微观环境进行分析，如图5-2所示。

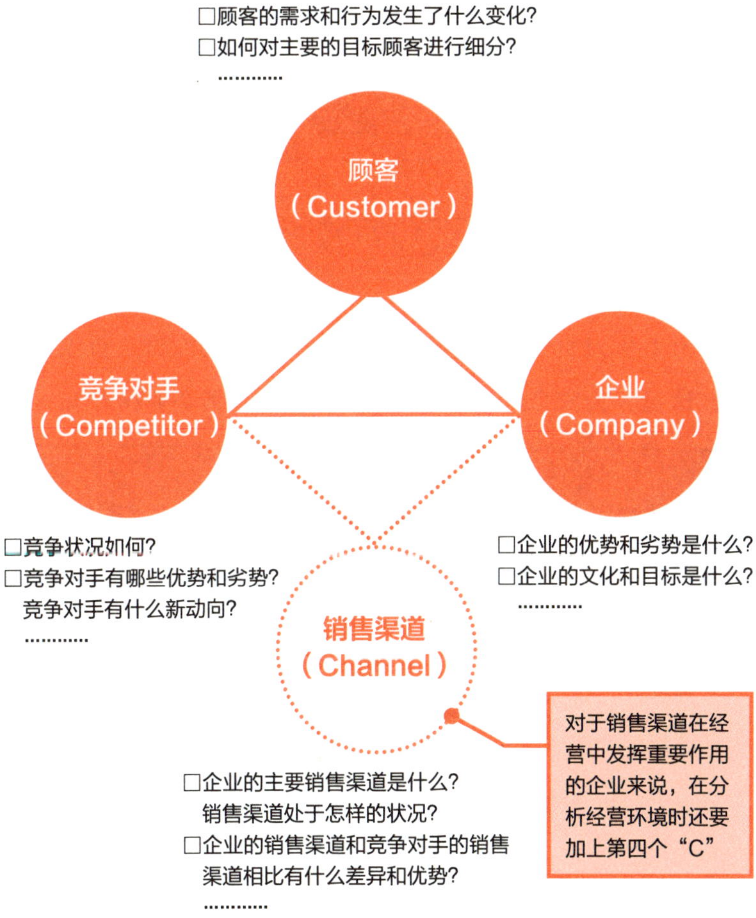

图5-2　利用3C对企业所处的微观环境进行分析

进行3C分析时最重要的一点就是要基于“最新的事实”进行分析。很多经营者认为“我在这个行业里做了几十年了，每天都在从事这项业务，因此不管是顾客、竞争对手还是企业，我都了如指掌，无所不知”。于是，这些经营者在思考战略的时候既不去收集信息，也不去现场考察，就直接制订战略。这样难免会出现问题。

因此，越是经验丰富的经营者，越应该注意这一点。

■ 其他实用框架

在分析时使用框架不但有助于进行逻辑思考，还能有效地减少重复和遗漏。

关于3C分析的详细内容，我将在后文中为大家进行说明，我在这里为大家介绍一些非常实用的用于分析企业微观环境的框架。

虽然称不上框架，但对“政治”“经济”“社会”“技术”“法律法规”等相关信息进行收集和分析是分析微观环境的最简单的方法。

除此之外，迈克尔·波特提出的“五力分析”和被许多企业实际应用的“SWOT分析”也是分析微观环境的常用框架。

五力分析是通过以下五个要素对行业环境进行分析的框架，如图5-3所示。

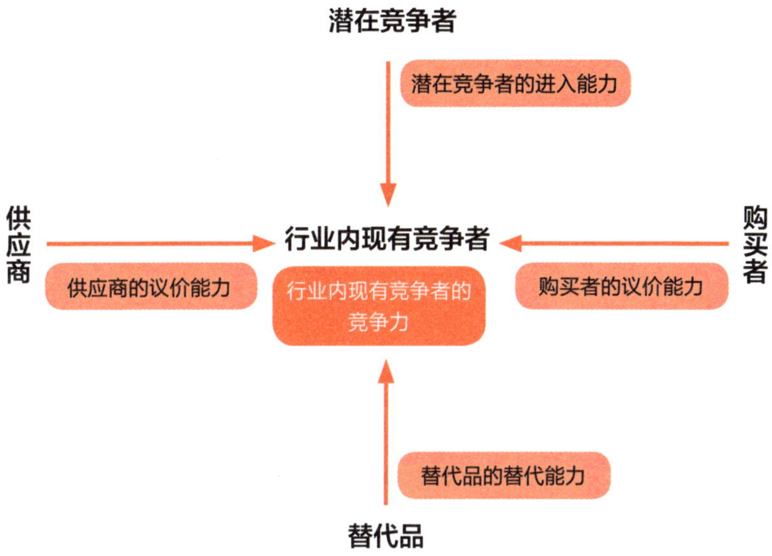

图 5-3 五力分析

(1)潜在竞争者的进入能力；

(2)购买者的议价能力；

(3)供应商的议价能力；

(4)替代品的替代能力；

(5)行业内现有竞争者的竞争力。

这是威胁企业的五种力量。

这五种力量决定了行业的经营环境。也就是说，这些力量越强，行业内的经营环境就越严峻。

比如潜在竞争者的进入能力越强，行业内的竞争就越激烈；如果替代品的替代能力提高了，行业内的竞争也会加剧；购买者的议价能力很强，企业迫于竞争降低销售价格的压力就很大。

通过对企业面临的压力进行多元分析，进而把握经营环境，就是这个框架的目标。

我将在第118页为大家说明SWOT分析。

☆案例分析

在前文中，我尽可能地用通俗易懂的文字对制订战略的方法进行了解说。接下来，我将结合A超市的案例，以案例学习的方式继续为大家进行说明，相信这样可以使大家更具体地了解制订战略的方法。

关于A超市的战略目标、边界条件等制订战略的“前提”及其所处的宏观经营环境的分析总结如下。

【战略目标】

通过彻底改革，A超市能够在今后的经营环境中持续发展，并获得稳定的收益。

【边界条件】

（1）不能离开“从东京西部到神奈川东部”的地区，因为A超市创业以来的理念是“为当地做出贡献”。

（2）不能退出零售业，因为A超市创业者的家训是“以经商谋生”。

【分析宏观经营环境】

（1）社会：老龄化、少子化、单身群体增加、重视健康、重视环境保护、劳动方法改革、女性与老年人就业率提升；

（2）技术：数字化、大数据、保鲜技术进步；

（3）法律法规：放宽限制、自由贸易前景不明。

A超市是一家以东京都市圈为中心开展经营的零售企业，现状如下。

A超市的现状

A超市是一家在东京西部到神奈川东部拥有大约50家店铺的食品连锁超市。现任社长是创始人的儿子，拥有该企业一半以上的股票，其他股票由其家人及当地的企业经营者持有。

现任社长即将70岁，最近他宣布自己打算就任会长，由自己现年38岁的长子担任社长。

A超市是创始人在第二次世界大战后不久于当地成立的零售企业，与当地顾客之间长期保持着融洽的关系，新鲜的水产品是该企业的最大优势。凭借这一优势，该企业经常能够在店铺所在的地区保持在行业第二或第三的位置，与行业第一的X超市展开竞争。虽然A超市的营业收入增长率和营业利润率都不高，但能够保证长期处于盈利状态。

但近年来A超市的营业收入连续出现负增长，营业利润率也下降到了1%以下。当地人口老龄化以及食品超市以外的零售业态竞争日趋激烈，似乎是导致A超市业绩不佳的主要因素。

如果继续这样下去，A超市在一两年之内就会难以避免地出现大幅亏损。即将就任的新社长认为有必要借此机会对A超市进行彻底的改革，于是开始思考改革方案。

2 第一个C：顾客

理解“自己的顾客”

定性且定量地把握市场（顾客）

■ 定义市场（顾客）

在把握了宏观环境之后，我们接下来就要利用“3C”对自身事业所处的微观环境进行分析。

3C分析先从分析顾客开始。在这个时候，我们要以市场动向、顾客行为的现状与变化为中心进行分析。

但在此之前，**我们必须明确“顾客是谁”。**

在商业活动之中，我们经常说“市场”这个词，市场是顾客的集合体，而且有很多分类方式。

比如九州市场、北海道市场就是按照地区进行分类的，高端产品市场、高性能产品市场、价格敏感型市场等则是以顾客追求的价值进行分类的，还有按照年龄层以及健康状况等进行分类的方法。

除了上述这些方法之外，还有许多对市场以及顾客进行细分的方法，选择一种适合企业的方法对目标市场和顾客进行定义十分重要。

因此，**做好市场及顾客细分的关键在于“把握市场整体情况”和“关注目标市场”。**

也就是说，虽然在市场中存在许多顾客，但企业要找出自己的目标顾客。

■ 进行定性与定量分析

在对顾客进行分析时，**我们需要从定性信息和定量信息两方面着手**，但能够将这两者完美结合起来的例子十分少见，绝大多数企业不是偏重于理性的数据，就是偏重于感性的经验和实际体验。

虽然利用感性的经验和实际体验定义目标顾客、把握其需求，并将其抽象地表述出来非常重要，但用理性的数据进行分析也同样重要。

比如对调味料进行分析时，“重口味消费者不但在做饭的时候使用调味料，在餐桌上也会经常使用调味料”，这就是定性分析；“重口味消费者使用调味料的频率是普通用户的2倍，其中30%是在餐桌上使用的”“这些重口味消费者占全部调味料消费者的35%”，这些就属于定量分析。

在使用定量分析中的数据时必须注意一点，那就是**不能被“平均值”误导，使自己做出错误的判断。**

这种问题常见于市场两极分化的情况。在这种情况下，平均值就不能准确地反映出市场的实际情况。

虽然在对经济活动进行分析时会经常用到“平均”与“合计”，但与“合计”相比，“平均”有可能会出现没有实际意义甚至代表错误意义的情况。

如何把握目标顾客的需求?

在把握目标顾客需求的时候，我们可以参考以下六个“顾客需求”的典型示例。

（1）经济性：价格是否与价值相符。在大多数情况下这是最重要的顾客需求。

（2）便利性：购买产品需要时间和距离远近。此外，产品使用方面的便利性也是非常重要的顾客需求。

（3）种类：如果商品种类齐全，不仅能够满足顾客多样化的需求，还能给顾客提供“找到中意商品”的满足感。

（4）解决方案：能够为顾客存在的问题提供解决方案的建议。

（5）人际关系：亲切地提供服务的店员和值得信赖的负责人会提高顾客的满意度。

（6）乐趣：除了丰富的种类之外，通过购买和使用商品获得的满足感也是重要的顾客需求。

☆案例分析

对A超市的顾客分析，重点在于找出“老年人、单身者增加”“女性与高龄者的就业率提升”“便当和即食料理的销量提升”“节约主义和单一奢华主义两极分化”“对健康食品的需求提升”以及“食用水产品的次数和数量减少”等情况，如图5-4所示。

顾客（Customer）

· 老年人、单身者增加
· 女性与老年人的就业率提升
· 便当和即食料理的销量提升
· 节约主义和单一奢华主义两极分化
· 对健康食品的需求提升
· 食用水产品的次数和数量减少
· 顾客在不同业态与渠道间更加频繁切换的同时，会因为积分系统而集中在一家企业消费
· 电子商务渠道在整体零售市场的占有率提升，但在食品类目的市场占有率仍然非常低

图 5-4　A 超市的顾客分析

练习　试着对自己所在企业的顾客状况进行分析

顾客（Customer）

-
-
-
-
-
-
-
-
-
-

3 第二个C：竞争对手 把握竞争状况

把握“竞争对手”以及“市场的竞争环境”

■ 谁是竞争对手？

为了把握自身所处的微观环境，企业还必须对“竞争对手”进行分析。这是3C分析的第二个C。

绝大多数企业都会面对不同的竞争对手。如果不了解竞争对手，企业就无法制订战略。但在当今这个复杂的市场环境之中，企业想搞清楚究竟谁是竞争对手非常困难。比如罐装咖啡生产企业的竞争对手是谁？同行的其他罐装咖啡生产企业肯定是竞争对手，但从工作时常喝的饮料和餐后常喝的饮料的角度来看，咖啡之外的其他饮料生产企业也是不能忽视的竞争对手。

提供低价咖啡的咖啡店和连锁快餐店都是罐装咖啡生产企业强大的竞争对手，而现在又出现了便利店这个最强的敌人。如果视野再开阔一些，我们就会发现很多白领不再选择去购买罐装咖啡，而是直接在办公室的胶囊咖啡机上冲泡咖啡。也就是说，连生产咖啡机的企业都变成了罐装咖啡生产企业强大的竞争对手。

像这样有许多产品和服务针对同一种顾客需求的情况，竞争

对手就非常多。

在对竞争对手进行分析的最初阶段，企业要尽可能全面地将所有的竞争对手都列举出来，尤其是找出各个种类中最有竞争力的竞争对手以及最近比较活跃的竞争对手。在制订战略的后续阶段，企业需要从这些竞争对手中找出与重要课题关联度较高的目标，进行更加深入的分析。

■ 用“优势与劣势”×“定量与定性”进行相对的评价

在对竞争对手进行分析时，企业最基本的工作就是把握各个竞争对手的优势和劣势，以及其最近的动向。与对顾客进行分析时一样，企业也要从定性和定量两个方面对竞争对手进行分析。

需要注意的是，企业必须采用比较分析对竞争对手进行分析。比如某竞争对手的销售人员有500人，虽然这个数字本身并没有意义，但如果自己所在企业的销售人员只有300人，或者行业中规模最大的企业有1 200名销售人员的话，通过进行比较分析，企业就能发现竞争对手销售体系的基本情况。

在进行比较分析的时候，人们最常用的方法是“标准化分析法”。这是企业利用同样的指标和框架，**将事业规模、各职能的能力、收益结构等与其他企业进行对比，把握自身与竞争对手之间“实力”差距的方法。**

在进行标准化分析的时候，企业需要同时关注“优势”与

“劣势”、“定性”与“定量”。比如某竞争对手“销售能力很强”，那么企业首先要对销售人员的人数进行对比，其次要对人均销售额进行对比。如果发现其中存在差距，就要找出产生差距的原因。比如销售人员是否在能力或经验上有不足，销售支援体制是否完善，等等。

同时，企业还要关注竞争对手存在的问题。比如竞争对手的品牌认知度和消费者选择度不高，那么企业也要对自身品牌的认知度进行定量评估，并对原因进行定性分析。

■ 关注行业内的竞争状况

还有一点需要注意的是，企业不仅要关注竞争对手，还要把握“竞争状况”，也就是**要思考“目标市场和行业处于怎样的竞争状况”。**

在不同的竞争状况中，企业的课题和解决课题的方法也有所不同。

比如，市场的竞争状况是“一强多弱”还是“群雄割据”。在不同的情况下，排在行业第二位的企业的战略目标和开发新技术时的重要课题以及相应的解决办法都是不一样的。

如果是“一强多弱”的状况，那么排在第二位的企业就要谋求自身产品与排在第一位的企业的产品存在差异，将开发新技术的重点放在实现与“一强”之间的差异化竞争上。

如果是“群雄割据”的状况，那么企业就要以成为“一强”为目标，将开发新技术的重点放在能够一口气实现巨大飞跃的技术上。

☆案例分析

A超市竞争状况的重点在于：跨行业的竞争越发激烈；占据最大市场份额的大型超市大力推广自有品牌（PB，Private Brand）产品并采取猛烈的促销攻势；两家药妆店采取了食品打折和扩大医药品销售的策略，一家折扣店的销售收入也大幅增长；三家便利店转型小型超市，并且加强速食品销售力度，构成了巨大的威胁。A超市的竞争对手分析，如图5-5所示。

竞争对手（Competitor）

- 地区内的总店铺数虽然没有太大的变化，但跨行业竞争越发激烈
- 当地排名第一的超市稳步发展，虽然价格偏高，但有很多回头客，客单价也很高。该超市店内加工的食品和便当的收益很高，还推出了与当地其他大型超市共同开发的自有品牌产品
- 两家药妆店和一家折扣店在店铺数量和销售收入上都有大幅增长。中小型连锁超市和个人经营的便利店都被逼到了绝境
- 三家便利店开始销售生鲜食品，转型为小型超市，同时也加强了现做现卖的菜品等速食品的销售力度

图5-5　A超市的竞争对手分析

练习　试着对自己所在企业的竞争对手的状况进行分析

竞争对手（Competitor）

-
-
-
-
-
-
-

第三个C：企业

4 利用框架对企业进行客观分析

结合竞争对手分析使各项内容变得更加明晰

■ 对企业进行分析时的四个框架

对企业进行分析，就是对企业的现状、优势与劣势、目标和方针等进行系统化梳理。在这个时候，企业也要从定性和定量两个方面进行分析。

企业应当思考自身的优势，分析与竞争对手和行业平均水平相比，自己“强在哪里”“有哪些突出的地方”，从对比的角度进行分析是非常重要的。

对企业进行分析和对竞争对手进行分析的方法有很多相似之处，因此也可以将两者结合起来，通过综合分析使两者的各项内容变得更加明晰。

在对企业进行分析时，使用框架是非常有效的手段。其中最常用的框架就是“SWOT分析”和“商业系统”。“资产负债表”是最简单的定量分析企业状况的框架。此外，我还将为大家介绍“盈亏平衡点分析”和“投入资本回报率树状图”等使用财务数据分析企业状况的框架。

专栏 8 能够取得数倍成果的“杠杆效应”

○什么是杠杆效应?

在制订战略时，灵活运用他人的力量也很重要。很多人认为“要由负责人完成制订战略的工作”，这完全是一种误解。其实不仅限于制订战略，为了取得最佳的结果，充分利用他人的创意、能力以及资产，也是领导者的职责。

要想做到这一点，领导者需要充分发挥“杠杆效应”。在杠杆效应的作用下，企业可以突破自身能力和资产的限制，获取丰硕的成果。

○提高应变能力

要想发挥杠杆效应，领导者先要改变“所有事都要亲自完成”的观念，然后在制订和执行战略时需要思考“借什么”（What）和“向谁借”（Who）这两个具体问题。如果领导者认为“反正一定会有人来帮忙”，那就无法发挥杠杆效应。在思考需要借助什么力量时，领导者明确知道“自身的优势与劣势”是极为重要的，不能过于自信，也不用妄自菲薄。

领导者还要提高自身的应变能力。不管什么事情，领导者都要有“先接触一下试试看”的开放态度，并且身先士卒地采取行动。最理想的状态是领导者在企业内外广泛地寻求帮助，在上司与部下的“纵向”，同事与业务伙伴的“横向”，其他部门的上级、下级以及其他领域伙伴的“斜向”等所有的关系中，找出最合适的合作伙伴。

【SWOT分析】

SWOT分析是针对企业特定的事业，对自身的优势（Strengths）和劣势（Weaknesses），以及宏观环境与微观环境（3C）带来的机会（Opportunities）和威胁（Threats）进行分析的框架，如图5-6所示。

将“优势、劣势”“机会、威胁”做成矩阵，通过矩阵中的位置来思考对企业来说最重要的课题和战略方针，这就是SWOT分析。

【商业系统】

商业系统是通过将构成事业的主要功能按顺序排列，对事业的实际情况、特性、优势与劣势等进行整理的框架，如图5-7所示。

即便是同一个行业，不同业态和企业的商业系统的功能排列顺序也各不相同。商业系统的功能的排列顺序可以体现出行业、业态以及企业的特征。

在将企业与竞争对手进行比较时，这个框架非常有效。

【盈亏平衡点分析】

盈亏平衡点分析是针对企业特定的事业和产品，对“需要取得多少销售收入才能覆盖设备、房租、人工费等固定成本，实现盈利”进行分析的框架。

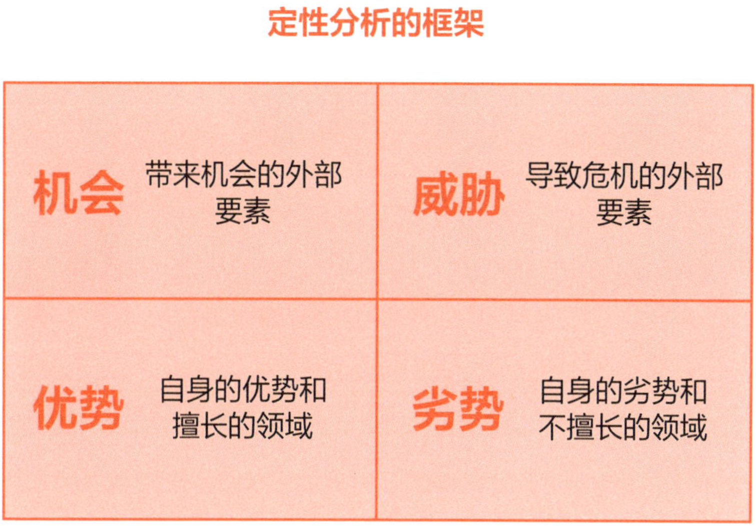

图 5-6　SWOT 分析

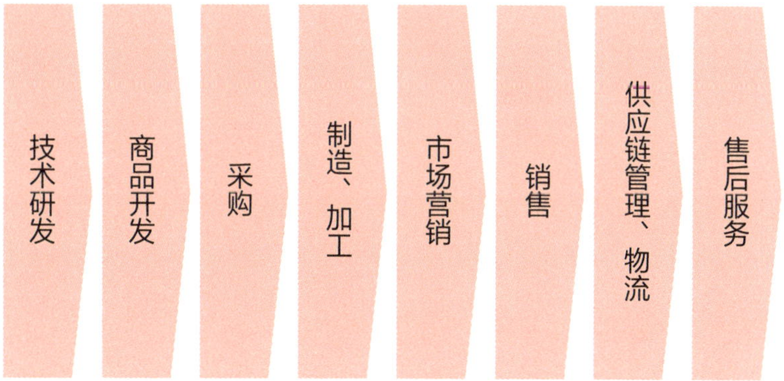

图 5-7　商业系统（以消费品生产企业为例）

一般来说，这个框架会以销售收入作为横轴，以利润作为纵轴制作成图，如图5-8所示。

· 固定成本：销售收入为零时的负利润（亏损）。

· 利润率：直线的斜率越大，销售收入中利润所占的比例越大。

· 盈亏平衡点：利润为零时的销售收入金额。

根据这个分析结果，我们可以确认企业、事业以及产品的特性和课题。比如固定成本占总成本比率高的事业和产品，虽然在达到盈亏平衡点之前比较艰难，但只要超越盈亏平衡点之后，利润就会迅速增加。因此，增加销售收入就是最重要的课题之一。

此外，对当前的销售情况进行分析，还有助于企业把握“还需要提高多少销售收入才能扭亏为盈”“距离亏损还有多少‘安全’空间”等问题。

【投入资本回报率树状图】

投入资本回报率（Return on Invested Capital，ROIC）是表示投入资本与获得利润比例的财务指标。投入资本回报率树状图则是将投入资本回报率的构成要素以树状图的形式表示出来使其更易于分析的框架，如图5-9所示。

投入资本回报率树状图可以帮助企业把握特定事业“需要投入多少资本，能够获得多少利润”和“需要哪些构成要素才能取得利润”。

定量分析的框架

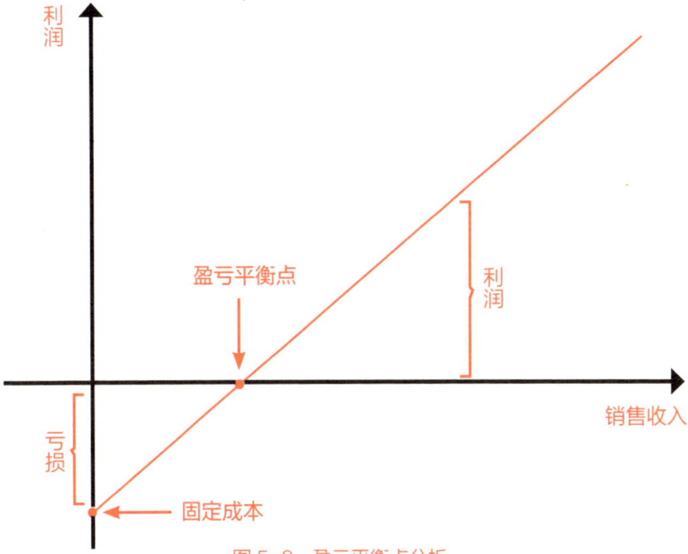

图 5-8　盈亏平衡点分析

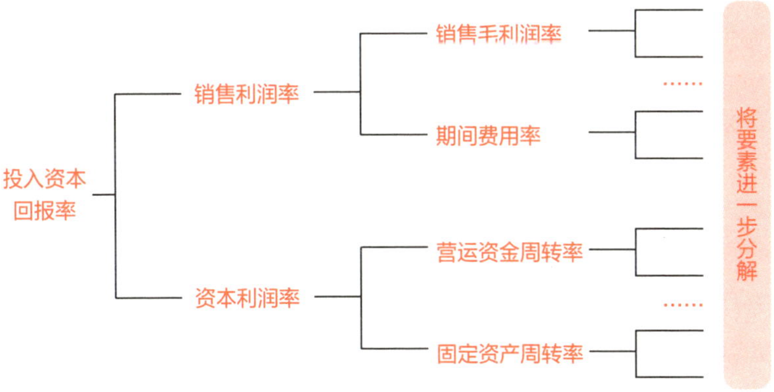

图 5-9　投入资本利润率树状图

通过将分析结果进行年度对比或者与其他企业进行对比，企业就可以发现在获得利润的过程中，哪些要素发生了变化，是变好了还是变坏了，从而准确地找出“整体情况如何”“改善是否有效”“改善的关键在哪里”等问题。

■ 不能盲目自信

企业必须站在客观的角度对自身进行分析。

正如每个人都有自己的习惯一样，每个企业也有自己独特的“习惯”和“性格”。

有的企业上上下下都非常自信，认为“我们的技术是行业第一，我们所有的产品在品质和性能上都比其他企业更强”；有的企业上上下下都比较谦虚，认为“虽然我们之前成长得比较顺利，但‘事业创造力’和‘新产品开发力’还很弱，不知道我们现在的业绩还能保持多久……”

企业的“性格”是企业文化的体现，同时也能够反映出企业高层领导者的个性。对中小企业来说，这种情况更为显著。

但在制订战略时，企业必须基于事实做出符合逻辑且客观的判断。如果盲目自信，企业很有可能做出错误的判断。

这就像在战场上战斗时，军队一定要有“绝不失败”的昂扬斗志，但在制订作战计划时要保持冷静且中立的视角。

☆案例分析

A超市的优势在于悠久的历史以及与当地民众的深厚联系，很多顾客都是回头客，连续几辈人在A超市购物，店员也熟知当地顾客的喜好。A超市在水产品销售方面很有优势，在当地的采购能力也很强。但A超市近年来的业绩持续低迷，营业利润率下降到不足1%，明年5月还将迎来新社长。A超市的自身分析，如图5-10所示。

企业（Company）

· 以车站前广场与住宅区周边为中心，开设了大约50家中等规模的食品超市，最近三年来店铺数量没有变化

· 营业收入连续两年出现1%～2%的负增长。顾客数量和客单价都有所下降

· 因为价格竞争导致毛利润下降，人手不足导致人工成本增加。在这些因素的影响下，营业利润率也下降到1%以下

· 优势是悠久的历史、人际关系接待水平、水产品（尤其是鲜鱼）的品质

· 基本没有自有品牌，即食食品的业务进展也比较缓慢。尚未开始网络销售业务，但已经开始尝试送货上门

图 5-10　A 超市的自身分析

练习　试着对自己所在企业的状况进行分析

企业（Company）

•

•

•

•

•

•

•

•

•

•

5 “洞察力”的差距决定了战略的品质

从多个角度把握事实和状况的意义，透过现象看本质

利用洞察力筛选课题

在对经营环境进行把握和分析之后，我们能够得到许多信息，而从这些信息之中能够筛选出多少对达成战略目标有帮助的“课题”则取决于“洞察力”。

用一句话来概括，洞察力就是能够透过现象看到本质、从事实和状况之中发现本质的能力。在对经营环境进行分析时，可能不同人的工作成果的品质差距并不大，因为经营环境分析是以对事实进行确认和验证为主。但从分析出的信息中筛选出重要的课题，则能够明显地看出不同人之间的差距。

因为**这考验的是“面对同样的事实，能够发现什么问题”的“洞察力”。**

“洞察力”的差距会直观地表现在战略的品质上。我认识的那些优秀的经营者，经常能够提出与其他人完全不同的见解。即便和别人看同样的资料，他们也能产生不一样的想法。

利用洞察力想出独特的创意

要想解释清楚究竟什么是“洞察力”是一件非常困难的事情。但如果说在制订战略时的“洞察力”，可以简单地理解为，“当得到某个信息时，能够敏锐地发觉这个信息对企业、市场、顾客以及竞争对手具有怎样意义的能力”。洞察力强的经营者能够从多个角度出发，充分理解企业的状况，然后在此基础上找出“真正有价值的内容”。

通过洞察力发现的意义并没有正确或者不正确之分，因为每个人发现的具体内容一般不会完全一致，但如果只能发现一些表面的内容，那就很难发挥很大的作用。如果企业的经营者和竞争对手的经营者拥有一样的想法，企业就无法超越竞争对手。

我认为，“与众不同、正确的事”是最优解，次优解是“与众不同、错误的事”，而“与众相同、正确的事”则排在第三位。日本企业的经营者大多会选择做“与众相同、正确的事”，虽然这是最安全的选择，但也无法使企业得到巨大的提升。

我之所以说“与众不同、错误的事”是次优解，是因为这样的提议往往会成为引发讨论的契机，而且随着环境的变化，“错误的事”也有可能会变成“正确的事”。

比如大家一起吃火锅，每个人带一道菜，结果有两个人都带了大白菜。在火锅里放大白菜本没有错，但第二个人带的大白菜的价值就低了很多。与之相比，如果有人带了西葫芦，或许能产生某种全新的可能性。如果直接将西葫芦放进普通火锅里，可能没有人喜欢吃。但特殊的火锅汤底搭配西葫芦或许会成为意想不到的美食。这样也许就能够产生“做汤泡饭的时候放西葫芦”的全新创意。

虽然每个人的洞察力在很大程度上取决于先天资质，但也可以通过后天锻炼来提高。**提高洞察力的关键就在于从多个角度思考每一条信息，找出隐藏在其中的多种含义。**只要坚持进行这样的锻炼，就一定能够使自己的洞察力得到提高。

6 让课题浮现出来

如果不能正确地把握课题，就难以达成目标

■ “在着手解决之前要先找出课题”的课题意识

把握经营环境之后，我们接下来就要明确为了达成战略目标需要完成哪些课题。

根据我多年来为众多企业提供管理顾问服务的经验，我发现许多企业都缺乏课题意识。

当想要达成某种目标，或者想要解决某个问题时，人们往往能够意识到“目标”和“解决办法”，却忽视了“课题”。

如果不能正确把握课题，我们想出的解决办法就难以达成目标。只有带着“在着手解决之前先找出课题”的课题意识，我们才能正确把握课题。

在解决课题时，**我们必须先经过“发现课题”“展开课题”“筛选课题”这三个阶段。**

关于这部分的具体内容，我将在后文中为大家进行详细说明。但如果一上来就将全部精力都放在“筛选课题”上，我们就只能选出很普通的课题了。

如果能够明确目标，准确把握最重要的课题，战略就已经成功了一半。

战略目标与重要课题的具体示例，如图5-11所示。

有课题才能有解答

如果对课题把握得不够准确，好不容易想出来的战略就难以取得预期的效果。用通俗易懂的例子来说，这就像医生给病人看病，如果医生没有找准病因，开出的药方就难以取得预期的效果，甚至可能导致病情加重。换言之，**只要能够准确地把握课题，我们就有可能想出许多有效的解决办法。**

当部下提出提案时，优秀的经营者不会针对提案本身提出问题，而是会问：“你认为课题是什么？”这就是在向部下确认“是否在知道应该解决什么问题的基础上提出了提案”。

我们在把握课题的时候还需要注意一点，那就是不要将课题与问题混为一谈。问题一般指的是负面的需要解决的事件，课题则有更为积极的含义。

比如“日元贬值，出现了××机会，我们应该怎么做？”“我们开发出了新技术，如何将这项技术广泛地应用起来？”这些可以充分利用的机会就是课题。

课题就像打保龄球时的瞄准点，相当于提示我们“要想达成目标，只要打中这个部位就可以了”。

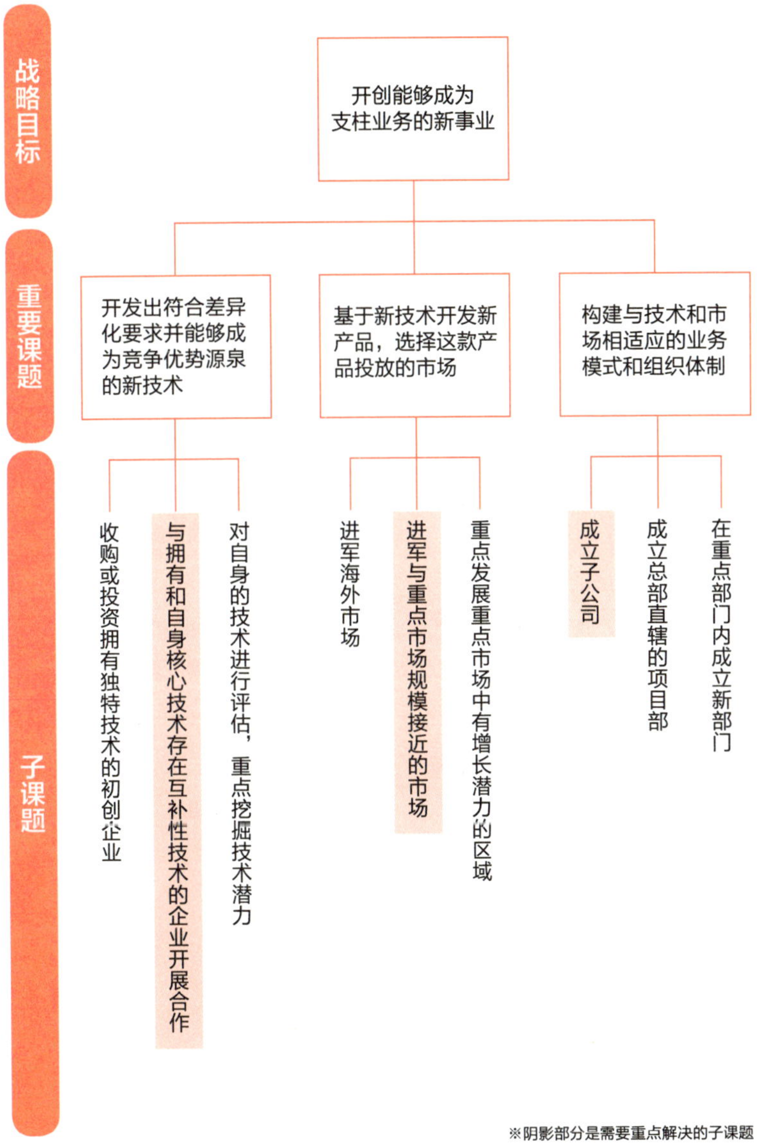

图 5-11　战略目标与重要课题的具体示例

☆案例分析

A超市的课题可以大致分为以下三个，每一个都包括多个要素，如图5-12所示。

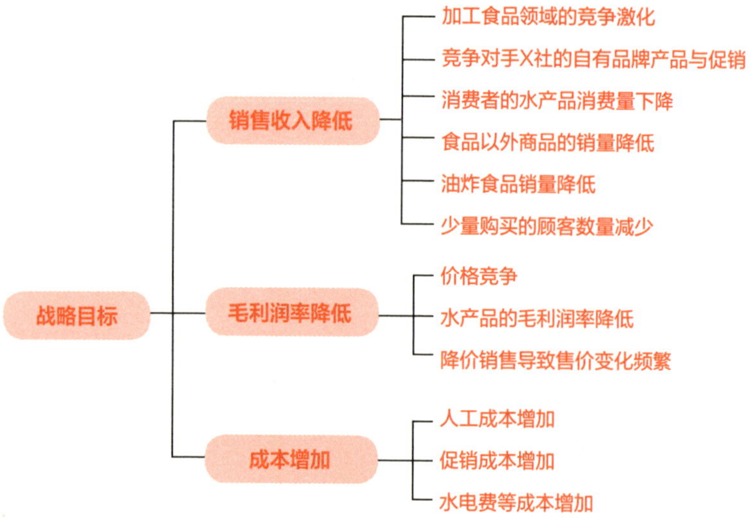

图5-12　A超市的课题

1.销售收入降低

加工食品领域的竞争日益激烈，不但有药妆店和折扣店抢占市场份额，A超市的主要竞争对手X社的自有品牌产品与促销也抢走了A超市的顾客。此外，消费者的饮食习惯从以水产品为主变为以肉类为主，导致水产品消费量下降、药妆店和折扣店参与竞争导致日用品等商品的销量骤减等都是导致销售收入降低的主要因素。除此之外，还有消费者出于健康的考虑不愿购买油炸食品、少量购买的顾客数量减少等因素。

2.毛利润率降低（导致利润率降低的主要因素①）

A超市为了与竞争对手对抗采取了低价格竞争的策略，水产品的毛利润率降低，降价销售导致售价变化频繁等都是导致毛利润率降低的主要因素。

3.成本增加（导致利润率降低的主要因素②）

人手不足导致的人工成本增加，为了进行竞争导致促销成本增加，水电费等成本增加，都是导致成本增加的主要因素。

7 通过筛选找出重要课题

为了做出“决策”，必须有舍弃的勇气

■ 决定课题的优先顺序

将课题展开之后，我们就需要对课题进行筛选。如果需要解决的课题太多，就可能出现许多意料之外的情况。

对于企业来说，同时思考并执行多个方案来解决所有的课题是不可能的。如果真的这样做了，就会因为经营资源不足和注意力分散，导致企业没有足够的力量去解决真正重要的课题。如果企业作为一个整体，却失去了将力量集中于一点的能力，就会失去整体感和一致性。

如果没有对课题进行筛选，那就说明思考不够彻底。

如果医生对患者说“你可能患了感冒，也可能是患了别的疾病”，肯定会让患者感到很困扰。不对课题进行筛选的经营者就和这位医生一样。

此外，还有人虽然知道哪些是最重要的课题，但对其他课题无法割舍。经营者最重要的职责之一就是“决策”，因此绝对不能优柔寡断。经营者必须决定展开之后的课题的优先顺序。

■ 决定优先顺序的标准

决定优先顺序的标准有“影响度”“可行性”“重要度”。

以棒球比赛为例。如果本队的比赛目标是战胜拥有王牌投手的强队，可能需要解决以下课题：

(1) 消耗对方王牌投手的体力，迫使他投出自己并不擅长的变化球；

(2) 提高球员的触击能力和跑动能力，争取抓住为数不多的机会得分；

(3) 提高球员的长打能力和得分能力；

(4) 加强己方先发投手投出的球的球速和“控球力”，不让对方得分；

(5) 准备多名投手轮换的战术，遏制对方得分；

(6) 彻底加强己方的内野防守，杜绝失误丢分。

不管防守做得多好，如果一分都得不到的话就无法战胜对方，因此我们必须想办法从对方的王牌投手身上得分。因此，从“重要度”的角度出发，我们应该将“消耗对方王牌投手的体力”作为重要课题之一。

此外，因为距离比赛开始时间已经不多，想要在短时间内“提高球员的长打能力和加强己方先发投手投出的球的球速”恐怕难以实现，所以我们就从“可行性”的角度优先考虑“提高球员的触击能力和跑动能力”以及“加强内野防守”。

☆案例分析

对前文中A超市的课题进行整理后，可以筛选出以下四个重要课题。

课题1 从加工食品的价格竞争中摆脱出来

A超市与竞争对手围绕加工食品展开了低价格竞争。由于X社的自有品牌产品价格低廉，A超市为了与之竞争也降低了自己商品的价格，结果导致销售收入和毛利润率严重下降。

但A超市在采购价格上并没有优势，无法与能够大量采购的大型超市相抗衡。就算凭借降价取得了一时的胜利，A超市也要损失相当多的利润。因此，从这种损失惨重的竞争中摆脱出来就是极为重要的课题。

课题2 凭借差异化获取优质顾客，提高优质顾客在企业的购买比率

A超市当然不会眼睁睁地看着顾客流失，但对一部分顾客流失的局面束手无策。价格敏感型顾客当然会选择价格更加便宜的大型超市的自有品牌产品、药妆店的日用品以及折扣店的打折商品。

在这种情况下，以差异化来获取优质顾客就成为非常重要的课题。

假设每位优质顾客每个月会花10万日元购买食品和日用品，其中在A超市消费金额为4万日元，那就要思考如何将这个金额提高到4.5万日元。将两者综合起来，凭借差异化获取优质顾客，并提高优质顾客在A超市的消费金额就是第二个重要课题。

课题3 面向未来，创造新的商业机会和增长点

第三个重要课题是创造新的商业机会和增长点。这需要将“彻底重生”作为战略目标。即将就任的新社长还不到40岁，因此将目光放在10年、15年后的未来也是理所当然的。

但日本社会老龄化的趋势是不可逆转的，食品超市之间的竞争以及多种业态参与竞争的状态在今后也会持续下去。况且，网络销售发展势头迅猛，今后的竞争或许会更加激烈。

另一方面，A超市的企业规模不可能突然扩大。因此，A超市无法与X社在自有品牌产品上进行竞争，也无法得到更有利的采购条件。治标不治本的小措施即便能挺过两三年，也难以长期坚持下去。

综上所述，为了创造新的商业机会和增长点，必须制订“10年之计”的改革措施。

课题4 在应对人手不足的同时控制人工成本

虽然筛选出上述三个重要课题，但鉴于现在人手不足的问题非常严重，因此必须考虑应对措施。不过由于A超市并没有充足的资金，所以还要控制人工成本。从某种意义上来说，这是需要将存在矛盾的两个要素同时实现的重要课题。

专栏 9

通过“跨界”实现突破

○创意与随机应变

通过前所未有的想法和创意，解决一直以来难以解决的课题，打破业绩不振的局面，被称为“突破”。具有创新性的想法是实现突破的基础，但实际上，获取有创新性的想法并不容易。

为了让自己的想法更具创新性，必须做到“Resourceful”。这个词直译过来就是“资源丰富”，如果用来形容一个人的话，就有“足智多谋、善于随机应变”的意思。一个人的智谋（资源）越多，就越容易想出好的创意。

○不同的领域是创意的宝库

即便是经验丰富的经营者，往往也只是在自己熟悉的领域内收集“资源”。**越是对企业的商业活动熟悉的人，越应该远离企业所处的领域去收集“资源”。**不同领域的信息，往往能够使自己产生全新的创意。

比如零售业想要削减店铺成本时，效仿在成本管理上取得明显成果的汽车制造商的做法往往非常有效。此外，足球俱乐部的运营方法或许也可以应用在企业的项目运营上。

领域跨度越大，其创意可效仿的可能性就越小，但隐藏着“巨大提示”的可能性就越大。也就是说，企业从跨度大的领域借鉴的方法更容易实现“突破”。

和发挥杠杆效应时一样，为了实现突破，经营者也必须持开放的态度（参见第117页）。经营者不要被先入为主的观念束缚，认为“这个用不上”，而是要时刻保持对不同领域的关注，为思考具有创新性的想法积累“资源”。

第六章

第三阶段：设定战略方针与行动计划

1 找出解决重要课题的“方针”

在决定措施之前，先从“个别”和“整体”的角度分别进行思考

■ 将重要课题逐一解决

筛选出重要课题之后，我们接下来就需要找出“解决课题的方法”。

但在这个时候，我们不能立即开始思考具体的行动，而是要先明确解决课题的“方针”。

我再以日本战国时代的战役为例。

假设敌军在天气恶劣的时候躲在城堡里坚守不出，而我军计划在不让士兵过度疲惫的情况下取得胜利。

针对“战胜敌军”这个目标进行充分讨论之后，我们可以总结出以下三个重要课题。

(1) 避免陷入持久战，尽快与敌人展开决战是否可行；

(2) 强攻城堡的难度很大，有没有能够出奇制胜的办法；

(3) 如何避免让对方得知我军的意图。

其中一种方法是**逐一思考解决这些重要课题的战略方针。**

比如，为了尽快与敌人展开决战，我们可以“投入精锐部队一

口气发动进攻”；为了出奇制胜，我们可以考虑“在敌人内部安排奸细”的方法，还可以大胆地发动佯攻，设法迷惑敌人。

■ 将重要课题统一解决

除了将重要课题逐一解决之外，还有一种方法，就是**找出一个能够一次性解决所有重要课题的方针**，比如“与保持中立的强大邻国结盟”。

这样不但可以凭借占据压倒性优势的兵力一口气拿下对方，而且只要我军做好信息保密工作，就可以从对方意想不到的地方发起进攻。

像这样找出一个能够一次性解决所有重要课题的方针，可以使所有的解决方案都指向同一个目标，提高解决方案的效果。

■ 方针有多个选择

虽然重要课题的解决方法存在着上述两种模式，但不管是哪种模式，都需要在决定具体的解决方案之前，明确解决课题的方针。

假设有一家因为业绩不佳而深感烦恼的生产企业。为了生存下去，这家企业与竞争对手争夺市场份额，结果导致非常激烈的价格竞争，加之原材料价格和人工成本上涨，该企业的利润大幅下降。

“怎样做才能使业绩好转呢？”

深陷绝境的企业开始制订扭亏为盈的战略。

在这个案例中，存在以下三个课题。

课题1　为自身的产品增加附加值

这家生产企业要想大幅提升现有产品的品质和性能十分困难，只能想办法在“销售方法和顾客服务方面增加产品的附加值”。

课题2　提高销售效率

在人工成本上涨的同时，这家生产企业还存在员工老龄化和难以留住优秀人才的问题，因此提升销售能力和削减人工成本是非常重要的课题。

课题3　开发新市场和新事业

这家企业主力产品现有的市场未来很难有更大的发展空间。因此，这家生产企业需要思考“是否应该开始开发新市场和新事业”。

那么，为了解决上述课题，能够想出什么方针呢？

让我们来想一个能够一次性解决三个课题的方针，比如以下两个方针。

①提升信息化水平。精简销售部的人员，使用计算机和平板电脑等数码产品将总部员工制作的提案内容展示给顾客。通过提高销售服务的“品质”，提高工作效率。如果能够将这种经验和系统提供给其他企业，或许还可以借此机会开展新的事业。

②与其他企业合并。这家生产企业可以从根本上对自身的经营进行调整，与同行业其他企业合并。双方合并后可以利用规模优

势削减成本，提升整体实力。此外，在经营基础得到强化的同时，双方还可以将各自的优势结合起来，开展新事业。

除此之外，还有“③并入大企业集团的旗下”的选项。这也可以作为战略的解决方针。

“④从价格竞争激烈的市场中撤退，集中力量开发能够体现自身产品差异性的市场”也是可以提出的方针。这样即便市场的整体规模缩小，但只要这家生产企业将力量集中在自己擅长的领域，仍然可以保证收益。

由此可见，绝大多数战略都可以找出多个解决的方针。只有唯一解决方针的情况反而是非常少见的。

就像任何体育竞技都存在多种战术一样，战略也是如此。

2 根据课题选择战略方针

只有经过思考才能真正明白不同选项的优劣之处

■ 找出多个方针的好处

正如前文中提到的那样，战略的解决方针有多个选项。

请大家从自己所在企业实际面临的课题中选出一个，试着思考解决方针。如果不考虑现实的边界条件和可行性的话，你可能会想出许多解决方针。

即便在实际思考战略时，我们应该也能想到许多选项。像这样“增加选择面”有两个好处。

第一个好处是可以明确多个选项，以及各个选项的特征。

每一个选项肯定有各自的优势和劣势。通过进行对比，各个选项的“优势”和“劣势”就会更加明显地表现出来。

当提出多个解决方案时，大家很快就达成了一致，从中选择一个解决方案。

如果出现这种情况，最好重新审视一下其他方案，重新进行讨论。这样做是因为如果“所有人都认为同一个方案很优秀”，那么实际上就相当于没有讨论。

第二个好处是通过对多个选项进行讨论，可以使最终被选中的方案得到改良。

假设有A方案、B方案和C方案，经过讨论后，大家最终决定选择A方案。但**在讨论的过程中，所有人都会对A方案存在的风险和挑战（困难）有更加明确的认识。**因此，在将A方案具体化的时候，大家就可以有针对性地对A方案进行改良，设法降低其中的风险和挑战。

☆案例分析

继续看A超市的案例。

当找出重要课题之后，就需要确定“解决方针”。对A超市来说，有三个选项。

每一个都是以摆脱低价竞争和获取优质顾客为目标的。此外，这些选项还可能创造新的商业机会和增长点，并且解决人手不足和控制人工成本的课题。

选项A　转型为面向中老年人的超市

吸引商圈内的中老年顾客，提高他们的消费比率。

为了实现这一目标，可以采取以下解决方案。

比如使用当地的食材，推出适合中老年人口味的食品。这种举措对大型超市来说是很难做到的。增加低盐、低热量的食品的种类和数量，供应适合中老年人的即食食品和日用品，可以提高A超市对中老年顾客群体的吸引力。此外，A超市也要做好面向中老年顾客的服务，比如设置无障碍通道、将店内的指示牌和印刷品的字号放大等。A超市还可以为独居老人提供就餐区域，根据顾客的需要提供帮忙移动家具等便民服务措施。

因为将主要顾客群体锁定为中老年人，所以A超市可以通过销售适合中老年人的日用品以及在就餐区域销售便当来创造全新的商业机会。

选项B　转型为水产品批发型折扣店

因为新鲜水产品是A超市的传统强项，所以A超市可以转型为“水产品专卖店”来吸引喜欢吃水产品的顾客。具体的解决方案包括增加水产品的种类和数量，降低热销商品的价格，实现薄利多销，同时搭配销售即食食品等。此外，A超市还可以通过各种店内促销活动，在为顾客提供“成本不高”同时还能够增加“乐趣”的附加价值，比如在销售水产品的同时为顾客提供料理的菜谱或者直接帮忙加工，销售适合与水产品搭配的蔬菜等，都可以吸引顾客前来购买。此外，A超市可以在店铺里设置食堂，还可能创造出新的事业机会。

选项C　通过与药妆店P社合作转型为健康超市

A超市可以通过彻底改造食品卖场，主要销售保健相关的商品，吸引对健康比较重视的顾客群体。A超市可以与商圈内的药妆店P社开展合作，开设与药妆店联动的店铺，提供可以预防疾病的保健商品，并聘请药剂师和营养师为顾客提供综合性的建议。

A超市可以在店铺内提供无农药残留的食材和面向慢性病群体的食材，增加健康即食食品的品类。此外，A超市还可以通过提供健康饮食的菜谱吸引目标顾客群体前来消费。有机食品和食材的组套销售或许也能成为新的增长点。

A超市的战略方针的三个选项，如图6-1所示。

战略方针的第一个选项

选项A　转型为面向中老年顾客的超市

·为了吸引中老年顾客群体，转型为专门面向中老年顾客的食品超市
·增加适合中老年顾客的商品种类，推出小包装商品
·增加适合中老年顾客的非油炸即食食品，提供店内的就餐区域和相应的便当
·增加适合中老年顾客的非食品类商品，包括日用品、内衣等
·配置优秀的员工，使其自主提高服务质量并进行促销
·提供定期配送和送货上门等便民服务
·充分利用能够理解中老年顾客需求的经验丰富的员工

战略方针的第二个选项

选项B　转型为水产品批发型折扣店

·充分利用自身优势增加水产品的种类和数量
·大批量自选折扣卖场与提供周到服务的一对一销售相结合
·积极在郊区开设仓储型卖场
·通过网络和一对一方式销售，提供丰富的水产品料理菜单
·积极推出包船销售等采购和促销活动
·在新店中设置食堂和大型用餐区
·降低管理和人工成本

战略方针的第三个选项

选项C　通过与药妆店P社合作转型为健康超市

·通过与药妆连锁店P社展开合作，转型为健康超市的全新业态
·除了新开设的店铺之外，现有店铺也要加强有机食品、绿色食品、功能性食品等健康商品的销售
·增加用健康食材制作的便当和三明治等即食食品，扩充店内用餐空间
·利用P社成熟的健康商品供应链在现有的食品超市中开设新卖场
·提供大件商品定期配送服务
·开展为会员提供健康饮食建议的会员制服务（购物达到一定金额以上的顾客免费成为会员）
·促进两家企业共同运营的人事合作

图 6-1　A 超市战略方针的三个选项

3 确定方针需要“评价标准”

确定优先顺序，明确“目标”与“重要课题”

■ 明确评价标准并共享

在从多个选项中选定一个的时候，**拥有明确的评价标准是非常重要的，**因为如果没有评价标准，我们就可能会做出错误的选择。

比如针对业务改革的课题，某企业提出了A、B、C三个解决方案，最终选择了B方案，理由是B方案在实际执行时削减成本的效果最好。

A方案的特点是“见效快，取得成果需要的时间短”，C方案的特点是“执行需要的成本最低，一开始就能在整个企业内执行”。

如果相关部门和成员对这三个方案的评价没有一个共同的标准，结果会怎样呢？

或许有一部分人认为整个企业一起执行是最重要的，即便在执行B方案的时候也为了能够一起执行而花费大量时间进行前期准备。

但是另一部分人认为尽快取得成果来提高大家的积极性最重要，结果在执行B方案的时候因为迟迟没能取得成果而逐渐失去了热情。

为了避免出现这种情况，在对三个方案进行分析，做出最终选择的时候，企业必须明确评价标准并共享。

换句话说，**企业必须事先搞清楚大家分别认为什么是最重要的，并确定优先顺序。**

此外，在选择解决方针的时候，**明确评价标准还有对战略的“目标”和“重要课题”**进行再次确认的效果。

■ 选择评价标准的“指标”

在确定具体的评价标准时，我们应该注意哪些问题呢？

首先，评价标准必须具有能够适应绝大多数情况的普遍性。

其次，**评价标准要考虑方案“需要的成本和投资额”“执行后的收益”“执行需要的时间”“执行的难易度”“与企业的契合度”等因素。**

其中“与企业的契合度”经常容易被忽略。这一点指的是解决方针一定要与企业的文化、技术储备、人才储备等具有一定的契合度，才能顺利地得到执行。

比如对于重视标准化的业务流程以及品质管理和成本控制的

企业来说，需要通过内部创业来开创新事业的解决方针与企业的契合度就很低。

在独自一人思考战略的时候，我们需要设定符合企业实际情况的评价标准。在许多人一起讨论战略的时候，我们则必须共享评价标准。因此，明确评价标准是非常重要的。

☆案例分析

A超市的战略方针有三个选项，新社长选择了选项C。

选择的标准如下。

1. 能够迅速取得成果

如果销售收入和利润率继续这样低迷下去，A超市在一两年内就会出现亏损。如果新社长不能在就任后尽快取得成果，容易使员工们对“新社长能够让A超市重获新生”产生怀疑。一旦失去了员工们的信任，新社长再想进行彻底改革就更加困难了。

2. 符合创业以来的理念和价值观

作为第三任社长，新社长希望能够继续坚持创业以来的理念和价值观，因此必须采取与之相符的战略。

3. 能够稳定增长，有提高利润的潜力

因为新社长还不到40岁，所以不能只想着“坚持几年就可以”，而

是要追求“稳定增长”。因此，将来能够持续地提高利润也是非常重要的。

那么，选项C符合上述评价标准吗？新社长的判断如下。

判断1 符合企业理念

通过为顾客提供有益于健康和预防疾病的商品，A超市可以为当地社会做出贡献，而且也没有退出零售行业。

判断2 有发展潜力

这项事业能够让A超市在未来实现稳定增长。

判断3 见效快

“健康商品”与“合作”的措施见效非常明显，而且A超市的卖场和商品也会立竿见影地发生变化。

判断4 能够增加顾客数量

A超市通过与药妆店联动，可以增加来店的顾客数量。

判断5 新举措符合新社长的身份

A超市迈出食品领域，与其他业态开展合作，是只有年青一代的新社长才敢于进行的挑战。

或许有读者对上述判断持有不同的意见，但请大家不要急着反驳，先接着往下看。

A超市的三个战略方针选项的评价标准与评价结果，如图6-2所示。

	选项A 专门面向中老年人的超市
●增长潜力	中
●收益性	中
●对自身优势和资产的运用度	中
●需要新能力与资产的获取难度	大
●风险性	中

▼

通过阶段性地扩大新事业来培养新能力和降低风险，但增长速度可能比较缓慢

图 6-2　A 超市的三个战略方针选项的评价标准与评价结果

选项B 水产品批发型折扣店	选项C 与药妆连锁店P社合作
中	大
中	大
中	大
大	小
大	中
虽然执行难度和风险都比较大，但成功后能够取得显著的成长。决定是否赌一把是判断的关键	虽然正式与其他企业展开合作是从未尝试过的挑战，但如果与其他业态的优秀企业合作顺利的话，增长潜力和提高利润潜力都很大

4 战略没有“标准答案”

正确思考能够极大地提高成功率

■ 成功率高的战略与成功率低的战略

从明确战略目标到定义边界条件，从分析经营环境到把握重要课题，再到设定战略方针。回顾这一系列的过程，大家有什么感受呢？

可能有人觉得“这真是一段漫长的旅程”，也可能有人觉得“很顺利就完成了这一系列过程”。不管怎样，我们都将迎来制订战略的大结局。

但在进入最终阶段之前，我必须事先和大家说明一件事。

那就是战略是没有“标准答案”的。在制订战略的时候，“这是唯一正确的战略”“只有这个课题方针才是正确的”等“标准答案”是不存在的。

战略没有对错之分，只有“优秀”和“不优秀”、“逻辑清晰”和“逻辑不清晰”的区别。

“优秀”和“逻辑清晰”的战略，往往具有更高的成功率，能够取得更大的成果。

通过合适的步骤来提高成功率

制订战略不像“算术”那样，只要按照固定的规则和公式就能得出正确的答案。

制订战略也不能按照“少数服从多数”的原则通过投票表决做出选择。经营者要做的并不是找出“答案”，而是做出“判断”。

假设有两名非常优秀的经营者，面对完全相同的状况，这两个人很有可能制订出完全不同的战略，选择完全不同的战略方针。

即便是按照同样的评价标准对多个选项进行判断，也未必所有人都会做出同样的选择。

尤其是在多个选项都很优秀的情况下，几乎没有“任何人都会选择”的选项。

课题的难度越大，存在“绝对正确的答案”的可能性就越小。

经营者必须根据评价标准，对战略方针做出判断和选择，也可以根据自己的理想和愿望来选择自己想做的事。经营者按照自己的理想而开展的事业最终取得成功的事例不胜枚举。

但我希望大家不要忘记，**按照合适的步骤来制订战略，能够提高取得成功的概率。**

5 设计符合方针的“措施”

取得最理想的成果，极大地提高运营效率

■ 找出必要的措施（行动）

在明确战略的解决方针之后，我们就要找出符合这一方针的“措施”（行动）。

以第140页提到的“提高信息化水平”为例，需要采取的“措施”就包括开发智能手机和平板电脑专用的应用程序、将顾客信息整理为数据库、教会销售人员如何使用信息终端等。

如果方针是“与其他企业合并”，那么需要采取的“措施”就包括从多个角度（财务、事业、组织等）对拟合并的企业进行评价、对各自企业文化的“融合性”进行验证、制作合并计划书等。此外，企业还需要制订谈判计划，召开说明会向员工和股东进行说明。

虽然具体的行动措施有很多，但与筛选课题和明确解决方针相比，找出必要的措施（行动）要简单得多。

防止出现遗漏的两种方法

在寻找措施时，保证没有遗漏是非常重要的。

为了做到这一点，可以使用逻辑树等思考工具来进行确认（参见第181页）。

比如削减成本的措施包括降低生产成本与管理费用，加强销售能力的措施包括增加销售人员数量、提高销售人员的工作技能、给销售人员提供销售支持等。我们可以利用逻辑树将这些措施不遗漏地列举出来。

还有一种防止出现遗漏的方法，那就是让多名成员一起进行讨论。

在这个时候，经营者需要详细地说明战略的目标、重要课题和解决方针，明确讨论的目标，要求参加讨论的成员提出自己的意见。

尤其是对于采取上传下达体制的企业来说，更要想办法让员工敢于说出自己的想法。

不论企业规模大小，经营者对“现场”和“各职能细节”的了解程度各不相同。因此，在明确了解决方针之后，经营者最好能够充分发挥全体员工的智慧。

此外，具体的解决措施最好不要太多。如果提出了许多具体措施，可以集中选择几条重要措施，或者将多条措施组合到一起。

虽然关于解决措施数量的上限，我也无法给出一个具体的数字，但为了让重要措施能够在整个组织中深入人心，所以最好控制在“能够使人记住”的范围之内。一般来说，如果解决措施的数量是两位数的话就显得太多，但只有一两条的话就太少了。

■ 清除不符合方针的措施

战略的措施是符合解决方针的一系列重要内容的集合体。但正如前文提到的那样，除了措施之外，还有许多应该完成的业务。

但**只要明确了重要措施，与之相关的附属业务也自然而然地能够得到处理。**

比如前文提到的提高信息化水平，为了改变销售人员的工作内容，就必须改变业务范围和评价标准。这些虽然没有必要作为战略的重要措施特别提出，但相关部门也必须做出应对。

在某些情况下，可能会出现与解决方针不相符的措施。

比如在明确了以提高信息化水平为解决方针的前提下，仍然提出“销售人员的工作日报要写得更加详细”“为了削减成本，停止进行信息技术方面的投资”等要求，这些就是与解决方针不相符的措施。

此外，将明明与战略没有太大的关系，但因为经营者感觉比较重要的内容一并作为战略措施执行也是错误的做法。

在提高信息化水平的解决方针下，研发新产品、降低物流成本等措施虽然必要且重要，但不能作为这个战略的措施。

如果将与战略关系不大的措施都作为战略措施执行，就会导致战略重点不明确，企业就无法集中力量执行重要措施。

■ 设计具体的措施

在设计具体措施的时候，为了能够落实到具体行动上，必须考虑3W1H，即：什么事情（What）、谁（Who）、怎么做（How）、何时（When）。

比如按照以下内容确定具体措施：

（1）开发应用程序；

（2）成立项目组，由A部长担任负责人；

（3）将开发工作外包出去；

（4）项目持续到×年×月。

像这样根据战略的解决方针设计的措施，能够取得理想的成果。将经营资源和组织的力量都集中到一起，可以提高整个组织的运营效率。同时，这样做还可以提高组织整体感。

符合战略方针的措施示例，如图6-3所示。

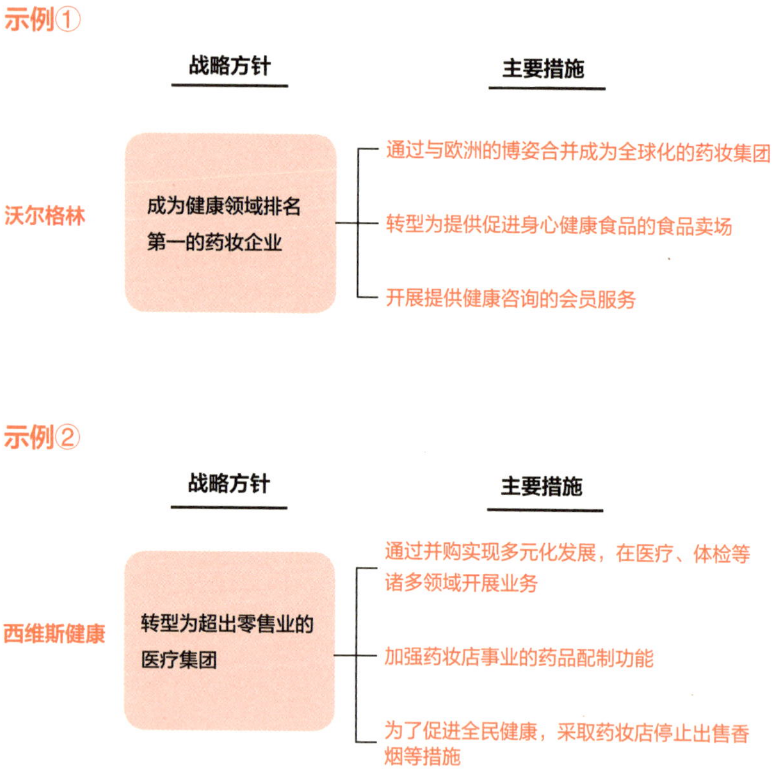

图 6-3　符合战略方针的措施示例

专栏 10

判断就是“舍弃”

○用思考和胆量来进行判断

战略的最终选择要由经营者做出判断。但在此之前，还有许多事项需要经营者做出判断。经营者必须认识到“判断”就是自己最重要的职责。

为了做出明确的判断，经营者需要具备两种“特质”。

第一种特质是“善于思考”。经营者可以参考本书介绍的流程，进行符合逻辑的、多元化的思考。

第二种特质是“敢于担当”。经营者做出判断就是明确是与非、做与不做，这需要决策者具备“承担责任的勇气”。

○不做出判断隐藏着巨大的风险

经营者在针对重要的课题做出判断时，最难的不是“保留”什么，而是“舍弃”什么。人们出于“不想承担风险”“害怕失败”的心理，往往难以做出舍弃的行为，于是就喜欢以“还需要继续讨论”等为理由迟迟不做出判断。

但这样做完全就是在逃避问题，还会带来意料之外的危害。也就是说，不做出判断隐藏着巨大的风险。

如今，企业经营环境变化的速度越来越快。在“保持观望”的时候，企业就很有可能遭到致命的打击。

在经营资源有限的前提下，经营者迟迟不做出判断，就无法将资源集中投入到“应该做的事情”上去，导致人力和物力闲置，降低企业的竞争力。

为了避免出现上述问题，经营者必须“善于思考”并“敢于担当”。

6 将战略落实到“执行计划”和“事业计划”上

制订能够合理反映“收益结构”“增长要点”的执行计划

■ 制订“执行计划”和“推进制度”

整理出重要的措施之后，就要将其落实到执行计划（行动计划）上。这也是制订战略的最终环节。

执行计划就是明确为了执行战略“什么人”“在什么时候”“做什么”“怎么做”的计划，也被称为“行动计划”。战略执行计划表，如表6-1所示。

为了将“什么人”具体化，不但要明确项目负责人，还要将责任人和团队成员、相关部门等都明确地列出来，制订“推进制度”。除此之外，还必须明确整个组织的推进制度。

在实施战略的过程中，组织内“横向”合作必不可少，有时候还要设置新的部门。在一定期间内将多个部门的员工集合起来组成项目组的情况也很常见。

在成立这样的新组织时，必须将组织制度的概要、领导者、规模、成员等具体化。

也就是说，如果传统的组织架构无法应对新的战略，就必须

表 6-1　战略执行计划表

措施		责任人	推进制度	时间				注意事项
				2023 年上半年	2023 年下半年	2024 年上半年	2024 年下半年	
大项目								
	具体的措施							

成立新组织来加以补充。

在战略的实施过程中，有时候还需要设置运营委员会对战略的推进情况和成果进行管理。有的企业也会通过经营会议的形式来执行运营委员会的工作。

还有的企业会成立事业推进部、项目管理办公室等部门来对战略的实施进度进行管理。

上述的全部内容加在一起，就组成了战略推进组织，如图6-4所示。

有时候，企业还需要根据战略的内容重新设计整个企业的组织架构，用全新的企业组织架构来推进战略实施。在这种情况下，企业往往需要在战略的解决措施中设置“组织改革”的项目，对新组织的部门设置进行定义。

■ 制订“事业计划”

在执行战略的时候，还有一个需要落实的内容就是“事业计划”。

这是针对“销售收入”“成本”“毛利润”等随着时间（3~5年）推移发生怎样的变化以及如何改善业绩制订的计划。

制订事业计划的**关键在于让每一个数字都有实际的意义。**

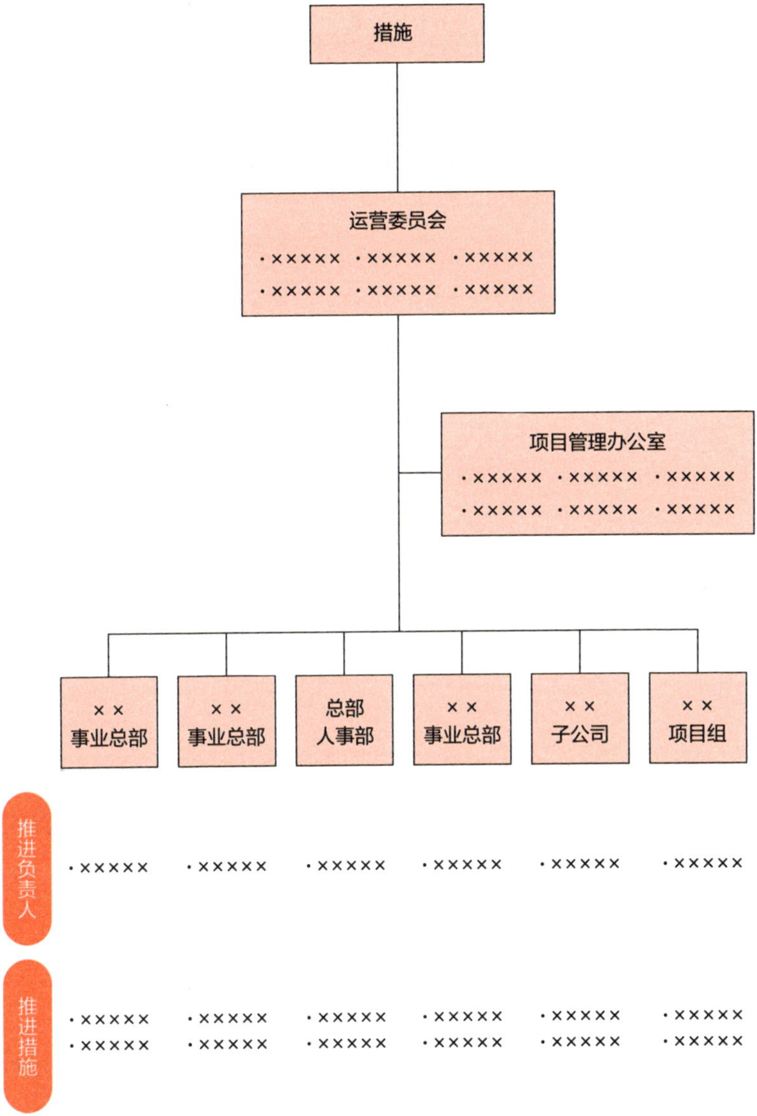

图 6-4　战略推进组织示意图

比如要想通过执行战略提高利润，必须按照以下的战略内容进行符合逻辑的思考。

“应该增加销售收入，还是应该削减成本？”

“想要增加销售收入的话，应该在哪个细分市场上取得突破？”

“通过什么样的理由（逻辑）来将其实现？”

上述思考不能用“大概”“可能”等模棱两可的表述方式，而是一定要用符合逻辑的“算式”清楚地表述出来。

此外，**作为事业计划前提的环境要素也必须明确化。**

比如汇率，如果汇率变化超出了预期，那就必须对事业计划进行修正。

原材料的价格和能源成本等许多因素都需要仔细考虑。

事业计划不能只是罗列数字，而是必须从整体的角度思考“采用怎样的收益结构”“如何实现增长”，并将其逻辑清晰地表现出来。

事业计划示意表，如表6-2所示。

表 6-2　事业计划示意表

项目	第一年	第二年	第三年	第四年	第五年	……
销售收入						
成本						
毛利润						
管理费用						
营业利润						
营业外收支						
税前利润						
经营性现金流						
投资性现金流						
筹资性现金流						
……						

7 利用检查表对战略方案进行最终检查

是否充分考虑了“顾客”“竞争对手”“企业”三个方面的要求

■ 以“三大基本要素”为中心进行检查

到此为止，制订战略的三个阶段就全部结束了。最后，我们还需要对一系列流程进行回顾，检查你对战略的理解有没有遗漏。

请大家参照本书的内容试着自己制订战略。你最初可能会感觉不顺利，遇到很多问题，但请坚持从头到尾做一遍，哪怕你制订的战略很粗糙也没关系。

当按照步骤实际制订出战略之后，请你参考图6-5对自己制订的战略方案进行检查。

在图6-5中，最后的三点是战略中最重要的内容。我们可以将其称为“优秀战略的三大要素”：

（1）能让顾客感到满意；

（2）能够战胜竞争对手；

（3）能让企业盈利。

像这样写出来可能大家会觉得“这是理所当然的”，但实际上要想在一个战略方案中同时满足上述三个条件是非常困难的。在绝大多数情况下，上述三大要素难以同时被满足。

第一阶段

确认前提

□是否将战略目标明确化并且共享？
□是否具有挑战性和具体性？
□是否找出了所有的边界条件？
□是否将边界条件筛选到了最少？

第二阶段

把握环境与课题

□是否基于最新的事实充分利用框架进行环境分析？
□是否通过强大的洞察力得出了独特的见解？
□是否找到了符合战略目标的重要课题？
□是否对其进行了充分筛选并使之具体化？

第三阶段

解决方针与执行计划

□是否根据明确的标准在多个选项中选出解决方针？
□是否构建了符合方针的一系列措施？
□制订的战略是否符合以下要求？
- **□能够给顾客提供全新的价值，使顾客感到满意**
- **□与竞争对手实现差异化，企业能在竞争中取胜**
- **□能够使企业得到成长并取得利润**

图 6-5　构建战略的三个阶段

专栏
11

防止组织“老化”

○激活组织是经营者的职责

想要做好企业经营，经营者就必须将经营资源和组织调动起来，让人力、物力、财力等经营资源合理地运转是非常重要的。可以说，将组织激活就是经营者最主要的职责。

很多企业的经营资源都比较固定，但这样的组织也很脆弱。如果用人体来比喻的话，这就好像关节的活动范围很小，无法随心所欲地行动的状态。一旦组织长时间保持同样的秩序，没有发生任何变化，就会变得僵硬、失去活力，陷入“老化”的状态。

但很多经营者都认为调整经营资源存在风险，又害怕人事调整会影响部下的积极性，所以对“激活”组织心存犹豫。但打消心中的顾虑和不安，大胆地“激活”组织正是经营者的职责所在。正如“专栏10”的内容所述，经营者做出判断需要“勇气”一样，“激活”组织也同样需要“勇气”。

○即便产生摩擦也要坚持“激活”组织

“激活”组织要讲究方式和方法。在“激活”组织时，经营者必须确定对象，并明确“方针”以及“目的地（目标）”。

正如前文中“领导力的方程式”中提到过的那样，为了使目标对象行动起来，相应的“工具”必不可少。尤其是对于需要在组织中进行横向调整的项目负责人来说，更需要凭借工具来及时且坚决地进行持续动员。虽然根据战略大胆地对资源和组织进行“激活”的过程中充满了困难险阻，但因为这是非常重要的事项，所以经营者绝对不能等闲视之。

第三部分

制订与执行战略的思考方法

学习进度表③

第三部分
掌握制订与执行战略的思考方法

□检查点

思考方法	在制订与执行战略的思考方法中，自己特别想提高哪些方面？ □逻辑思考 □分析思考 □假设思考 □多元思考 □战略思考

第七章

掌握制订战略必不可少的思考方法①

【逻辑思考】

1 为什么需要逻辑思考?

提高思考的“品质”“有效性”和“效率”

■ 将各个要素关联起来思考

本书到目前为止介绍的制订战略的方法，都是以逻辑思考为基础的。

逻辑思考究竟是什么意思呢？如果从字面上解释的话，逻辑思考就是“按照体系将各个要素关联起来”进行思考。

比如在商业活动中，希望“增加销售收入”的时候，企业利用3C框架对“顾客、竞争对手和企业”进行分析之后，得出“采取××措施就能提高销售收入”的结论。这就属于逻辑思考。

否则，如果没有经过认真思考就草率地提出“推出新产品（或增加销售人员）就能够提高销售收入”等主张则不能算是经过逻辑思考得出的结论。

此外，将顾客、竞争对手和企业关联起来进行思考可以让结论符合逻辑思考的要求。这样的逻辑思考可以提高解决方针和措施达成战略目标的成功率。

在上述情况下，“利用顾客、竞争对手和企业的3C视角进行思考”，就是属于逻辑思考。

逻辑思考也可以说是**将思考“整合”或者“结构化”**。用更通俗易懂的话来说，逻辑思考就是在得出“应该采取××措施”的结论时，条理清晰地说明“为什么应该采取××措施”。此外，明确“什么人、怎样做、什么时候”等也属于逻辑思考，也就是我们常说的5W1H，即Why（为什么）、What（什么）、Who（谁）、When（何时）、Where（何地）、How（怎么样）。

“三段论”和“起承转结”都是逻辑思考的典型方法。简单说，逻辑思考就是根据前提和原因得出结论，属于非常普遍的方法。

除此之外，还有先说结论，然后补充理由的方法。这就是我将为大家介绍的“金字塔原理”（参见第191页）。

■ 明确思考的过程

逻辑思考的好处主要包括以下三点。

（1）提高思考的“品质”。逻辑思考可以减少疏忽和遗漏，提高思考的品质。此外，逻辑思考还能避免无意义的争辩。在独自一人思考的时候，逻辑思考可以增加思考的深度。

（2）提高思考的“有效性”。在大部分商业活动中，如果自己无法将某个想法传达给他人，那这个想法就毫无意义。逻辑思考能够让自己更容易把想法传达给他人，得到他人的理解。

（3）提高思考的“效率”。因为逻辑思考具有相应的体系，所以应用起来效率很高。

2

逻辑思考的基础①

用“为什么”和“怎么做”打开逻辑的大门

不被固定观念和经验束缚，明确执行措施时的阻碍

■ 通过重复“为什么”来进行分析

接下来，我将为大家介绍逻辑思考的基本方法。

逻辑思考的基础是重复“为什么”和“怎么做”。

让我们先来看“为什么”。

这属于分析思考法。首先提出自己的意见，然后**通过对假设和结论反复问“为什么”，找出根本性的答案。**

我们在商业活动中经常能够听到类似这样的建议。我根据自己的亲身经验，也切实地感觉到重复“为什么”这种方法是非常有效的。

不过，这种方法往往很难坚持到最后，一般重复三四次就会让人感到“窒息”。

但真正的较量是从这个时候才刚刚开始的。在重复“为什么”的过程中，一旦发现你认为“正确”的线索，就要继续深入挖掘。通过不断重复“为什么”，你的思考就会更加深入。

比如下面这个案例。

有一家以销售食品为主的超市，虽然业绩一直在稳步提升，但最近周末的销售收入开始减少。因此，这家超市开始寻找销售收入下降的原因。

问："为什么我们超市周末的销售收入减少了？"

答："因为地铁站附近新开了一家超市，抢走了我们的顾客，所以我们的销售收入下降了。"

问："为什么我们的顾客被那家超市抢走了？"

答："因为对方是新开的大型超市，顾客认为那家超市商品种类丰富、价格便宜。"

问："为什么顾客认为那家超市商品价格便宜呢？那家超市所有的商品都比我们价格便宜吗？"

答："那家超市的热门商品的价格确实比我们便宜，而且他们特意用传单将这些商品的价格都标示出来了。"

问："为什么那家超市能够将商品价格设置得这么便宜呢？"

答："可能是那家超市在采购热门商品的时候要求供应商提供折扣和促销支持。"

问："为什么我们不能这样做呢？"

像这样不断地重复"为什么"，符合逻辑的答案就会在这个过程中逐渐浮现出来。

坚持深入思考还能够激发新的创意。比如想出"找那家超市的供应商的竞争对手采购商品，让他们为我们提供同样的折扣和促销支持”之类的对策。

在思考对策时，我们要做的关键是丢掉“无法战胜大型超市”这种先入为主的固定观念。也就是说，**我们不能将通常人们认为是正确的道理和经验全盘接受，将其直接作为论据或者结论。**

就算我们在竞争中处于劣势，往往也不会满盘皆输，可能在某个领域失败了，但在其他领域还有获胜的机会。

只要能够准确找出失败的原因，我们就能够发现没有失败的领域，并有可能抓住获胜的机会。

■ 通过重复“怎么做”将措施具体化

根据解决方针决定措施之后，我们就要通过重复“怎么做”来明确具体措施应该怎样执行。

比如下面的案例。

某企业为了提高销售人员的工作效率，决定改变销售人员现有的工作方法。他们此前都是随机选择每天拜访的客户，今后要优先拜访新客户和有大额交易潜力的客户。

问：“怎么能让每个人都按照新的要求工作呢？”

答：“只要我们充分利用信息系统，就应该能够有效地实现上述目标。”

问:“我们应当怎么利用信息系统呢?”

答:“我们可以给每一个销售人员配备信息终端,让他们每天按照总部的指示去拜访客户,并且通过信息终端与总部实时交换信息。”

问:“总部怎么才能选出有潜力的顾客呢?”

像这样通过不断地重复思考“怎么做”,就可以使执行措施的行动更加具体化。

此外,**重复思考“怎么做”,还可以使隐藏在措施中的瓶颈“可视化”。**

虽然通过“可视化”也很难将瓶颈全部消除,但至少能够预测到在实际执行阶段可能遇到的问题,从而提前采取减轻影响或者回避问题的对策。

重复五次“为什么”和五次“怎么做”的示例,如图7-1所示。

重复五次“为什么”

- 便当生产企业A公司的销售收入减少了。
  - **为什么我们的销售收入减少了？**
- 因为我们最大的客户×便利店的采购量下降了。
  - **为什么×便利店的采购量下降了？**
- 因为×便利店高价便当的销售数量下降了。
  - **为什么×便利店高价便当的销售数量下降了？**
- 因为我们的竞争对手B社的便当在×便利店的销量增长了。
  - **为什么我们的市场份额被B社抢走了？**
- 因为B社的便当更符合×便利店主要顾客群体的需求。
  - **为什么B社的便当更符合×便利店主要顾客群体的需求？**
- 因为B社对×便利店的主要顾客群体的生活方式进行了调研，并用了六个月的时间开发出了符合顾客需求的健康便当。

重复五次“怎么做”

- A公司需要塑造高价便当的健康形象。
  - **怎么塑造高价便当的健康形象呢？**
- 增加健康饮食的便当种类。
  - **怎么增加健康饮食的便当种类呢？**
- 开发使用有机的、天然的食材的便当。
  - **怎么采购有机的、天然的食材呢？**
- 向生产有机的、天然的食材的农户采购。
  - **怎么与生产有机的、天然的食材的农户建立合作呢？**
- 建立为这些农户提供服务的网络。
  - **怎么建立服务网络呢？**
- 充分利用荒废的耕地，与农业大学展开合作。

图 7-1　重复五次“为什么”和五次“怎么做”的示例

逻辑思考的基础2

3 分析思考的基本方法：逻辑树

灵活运用“建立体系分解要素”和“把握整体结构”

■ 利用框架减少“遗漏”和“重复”

有助于进行逻辑思考的另一个重要工具就是“逻辑树”。

逻辑树是**将构成要素不遗漏、不重复地提取和整理**，进行逻辑思考的基本方法之一。

一个事项或概念可以被分解为多个要素，每个要素还能进一步被分解为更多的要素。这就像一棵树的树干上分出许多枝杈一样。

正如前文提到的那样，将大脑思考的结果用笔书写出来是非常重要的，但在写的时候不能没有规律地逐条列举，而是**应该利用逻辑树将要素进行系统分解，把握整体结构。**

利用逻辑树对便当生产企业B公司的问题进行分析的示例，如图7-2所示。

在制作逻辑树的时候，最困难的就是决定“从哪个树枝（要素的项目）开始分叉”，因为必须保证分枝（项目）没有重复也没有遗漏。

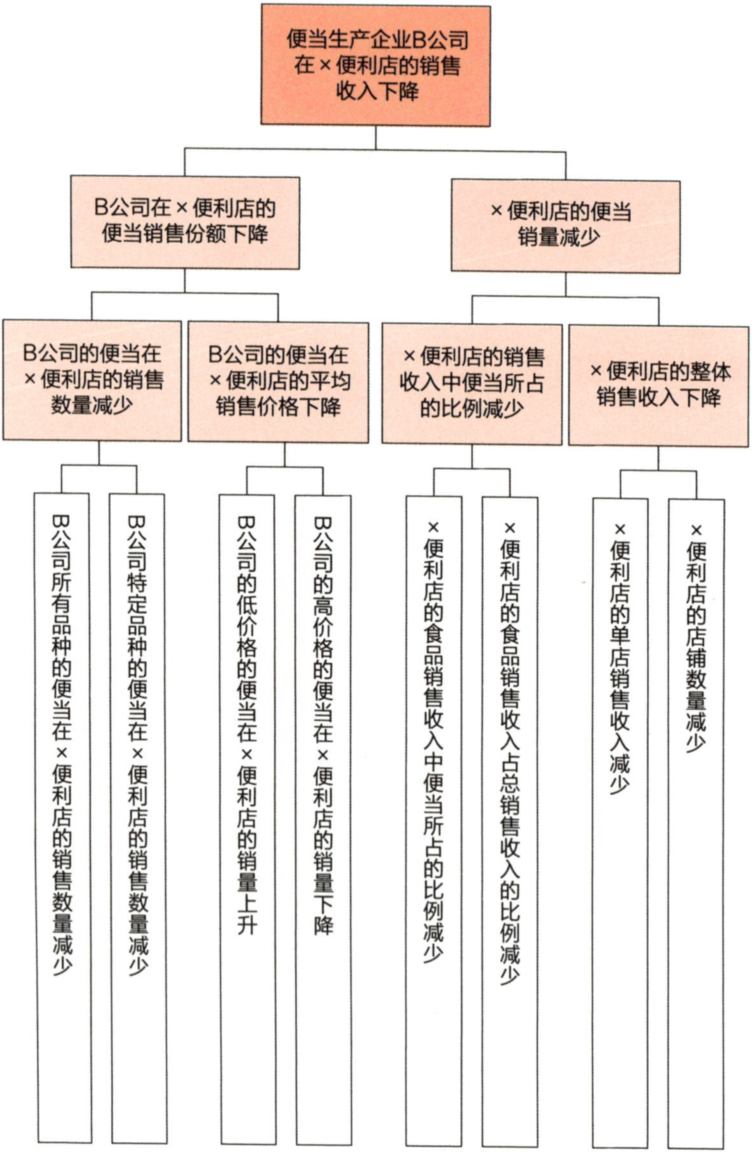
便当生产企业B公司在×便利店的销售收入下降
B公司在×便利店的便当销售份额下降
×便利店的便当销量减少
B公司的便当在×便利店的销售数量减少
B公司的便当在×便利店的平均销售价格下降
×便利店的销售收入中便当所占的比例减少
×便利店的整体销售收入下降
B公司所有品种的便当在×便利店的销售数量减少
B公司特定品种的便当在×便利店的销售数量减少
B公司的低价格的便当在×便利店的销量上升
B公司的高价格的便当在×便利店的销量下降
×便利店的食品销售收入中便当所占的比例减少
×便利店的食品销售收入占总销售收入的比例减少
×便利店的单店销售收入减少
×便利店的店铺数量减少

图 7-2　逻辑树的示例

如果在分枝中存在重复或遗漏，就无法达到“通过分解深入挖掘本质问题”的目标。

为了消除重复和遗漏，MECE（Mutually Exclusive and Collectively Exhaustive，相互独立且完全穷尽）原则是非常重要的。MECE原则的使用示例，如图7-3所示。

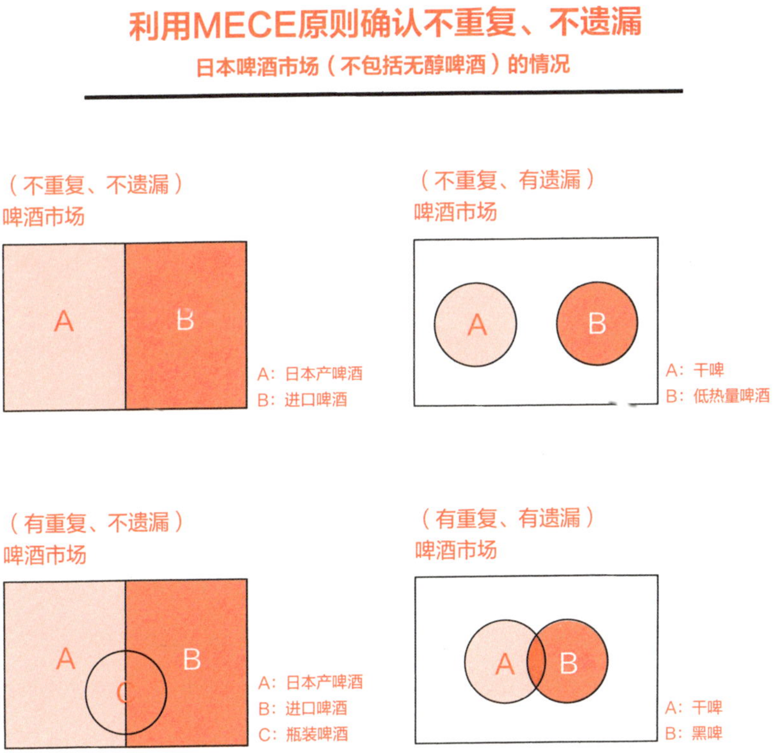

图 7-3　MECE 原则的使用示例

掌握分类的方法

想要建立一个“不重复、不遗漏”的逻辑树其实是非常困难的，因此**最好能够多掌握一些常用的分类方法。**

比如针对零售店“销售收入下降”这个现象进行分析时，可以使用逻辑树将“销售收入下降”这个问题分解。分析“销售收入”变化最常用的方法是按照“顾客数量”“客单价”“商品单价”三个因素来考虑。也就是说，导致“销售收入降低”的因素可能包括“顾客数量减少”“每位顾客购买的商品数量减少”“商品平均销售价格下降”。

针对制造行业企业出现“产值成本率上升”的问题，可以大致分为“成本上升”“销售价格下降”两个要素。

比较难以区分的是无法用数字表达的情况。

比如针对“员工的工作积极性不高”这个问题，应该将其分解为哪些要素呢？

决定员工工作积极性的因素包括评价、待遇、工作意义、发展空间、人际关系、工作与生活之间的平衡、工作环境、人事制度等。但这些要素之间隐藏着一些联系，比如与个人相关的要素包括评价、待遇和发展空间等，与职场相关的要素包括人际关系、工作与生活之间的平衡等，与企业相关的要素包括工作环境和人事制度等。只要抓住这些突破口，就可以制作出完整的逻辑树。

综上所述，虽然做到“不重复、不遗漏”是非常困难的，但在日常工作中遇到课题的时候，我们仍然要积极地运用逻辑树对课题进行分解。

只要像这样坚持进行练习，自己制作逻辑树的能力就一定能够提高。

逻辑思考的基础③

4 利用“空—雨—伞”制订战略

制订具体行动的思考工具

根据事实发掘出“意义”

前文中介绍的“‘为什么’和‘怎么做’”以及逻辑树都是进行逻辑思考时非常有效的工具。

接下来，我为大家介绍的“空—雨—伞”则是将分析力和洞察力相结合的工具。这是一种从“信息、事实、状况”中发掘出“意义”，从而引出“行动”的思考工具。

比如以下这种情况。

早晨起来看外面的天气是晴空万里。根据这个事实能够得出哪些结论呢?

A认为“今天不会下雨”，于是他在出门的时候没有带雨伞。

B认为“今天是洗衣服的好日子”，于是他用洗衣机洗了很多衣服。

C认为“今天阳光似乎很强烈”，于是他在出门之前涂了防晒霜。

根据“晴空万里”这同一个事实，不同的人能够得出不同的结论，因而采取不同的行动。将这一系列流程用逻辑思考的框架来表示的话，就像这样：

空：对事实和状况的认识；

雨：解释与分析；

伞：判断与结论。

正如上述示例所表现的那样，这并不是什么特别的思考方法，而是我们在日常生活中下意识地思考。但在商业活动和经营中，没有按照上述三个步骤进行思考的情况却非常多。

■ 不观察“天空”就无法把握环境的变化

通过观察“天空”，对当天的天气情况进行预测，就可以更好地决定“带不带伞”“要不要洗衣服”“要不要涂防晒霜”等行动。

在制订战略的时候，企业对自身所处的经营环境进行信息收集和分析是必不可少的，但很多企业都忽视了这一关键步骤。

很多经验丰富的中小企业经营者往往认为“之前一直都很顺利，所以以后也不会有问题”“我对这个行业的一切都非常熟悉，根本不用调查”，结果忽视了对环境的调查，这正是典型的没有观察“天空”的情况。

换句话说，**如果经营者不对“天空”进行观察，就无法把握环境的变化，仅凭自己过去的经验就可能做出错误的决策。**

比如有的经营者以为自己对行业非常了解，却没发现随着时代发展很多顾客已经养成了在网上购物的习惯，结果经营者所在的企业损失了大量市场份额。

■ 会不会“下雨”？这个步骤最难判断

“天空”这个事实，对所有人来说都是一样的。不管是自己（企业）还是自己身边的人（竞争对手），看到的都是同样的天空（信息）。虽然也存在自己获得了更多信息的情况，但这只是个例。

会不会“下雨”则是个人的判断。

比如发现销售收入下降的时候立即降价促销，发现市场份额降低立即增加销售人员或者发现新商品销量不佳马上增加广告宣传等，这些都是盲目的举措。

“为什么销售收入会下降？”

“为什么市场份额降低了？”

“为什么新商品销量不佳呢？”

在发现事实之后，你必须思考导致事实出现的原因。如果忽略了这一步骤，你就无法对症下药。**贸然采取行动往往不能取得理想的效果，甚至有可能使情况变得更糟。**

事实上，**对会不会“下雨”进行判断的这个步骤，最能看出企业与企业之间的差距。**针对同样的“天空”如何进行分析与解释，是实现差异化的关键。

换句话说，独特的创意正是来自对会不会“下雨”进行判断的洞察力。

被称为创新者的人，就是能够从同样的信息里得出与众不同结论的人。

■ “带雨伞”的具体行动

在收集信息并发掘出意义之后，你还要做出具体的行动，否则就只是停留在“评论家”的层面上。

比如你在会议上提出，“考虑到亚洲各国廉价航班公司不断增加以及日本政府放宽对民宿的限制，今后来日本旅游的外国游客还会继续增加”。

但当有人问“那我们的商品种类和销售渠道是否需要调整”的时候，你一下子就哑口无言了。无论是因为没有想到具体的行动计划，还是因为不敢轻易说出结论，总之这样的话，你是无法主导制订战略的。

“空—雨—伞”的使用示例，如图7-4所示。

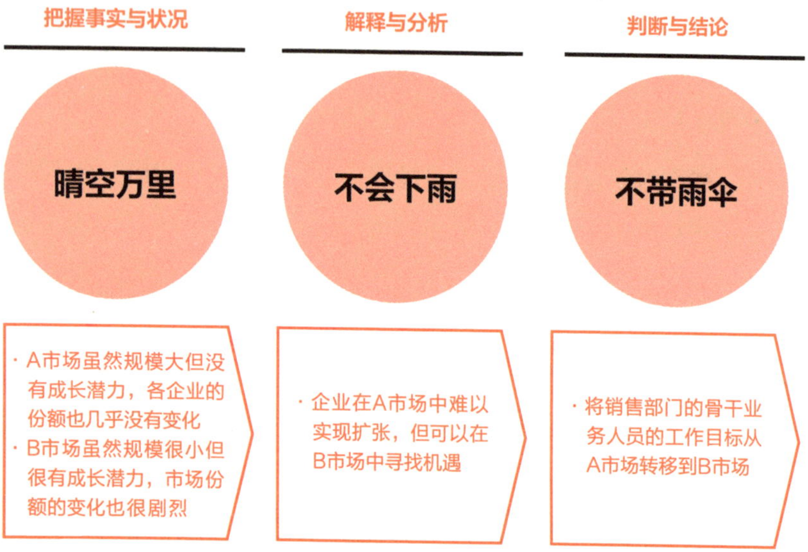

图 7-4 “空—雨—伞”的使用示例

逻辑思考的基础④

5 利用金字塔原理对逻辑结构进行检查

金字塔原理是应用范围非常广泛的工具

■ 将逻辑过程结构化

逻辑树是将“要素”“理由”“方法”等项目不重复、不遗漏地列举出来，进行逻辑思考的工具。

与之相对，金字塔原理则是“把握逻辑结构”的工具。“金字塔”的顶端是逻辑思考的“结论”，下方则是支撑这一结论的逻辑结构。

在结论的下方可以有多种逻辑结构，比较常见的有“理由”“理由”“理由”并列的结构，以及“事实”“意义”“行动”并列的结构等。

金字塔原理的示意图，如图7-5所示。

■ 思考结论的交流工具

金字塔原理还可以作为表述思考结论的工具。在对别人进行说明时，首先将结论说出来，然后再说明得出结论的逻辑结构是非常有效的方法之一。

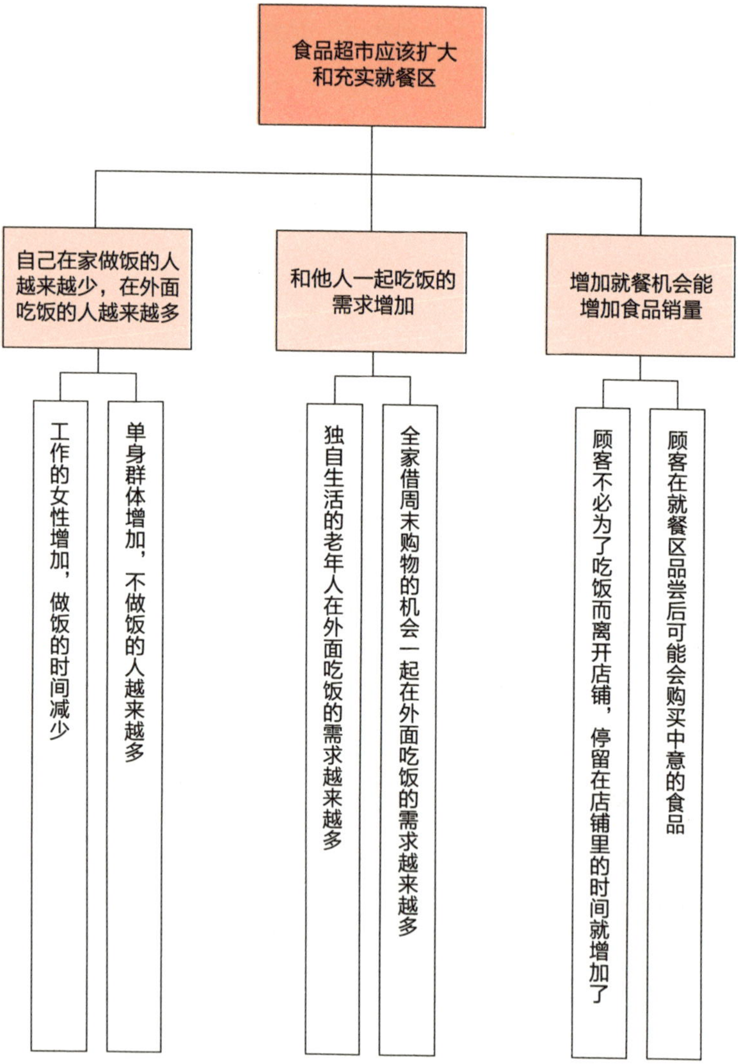

图 7-5　金字塔原理的示意图

逻辑思考的基础5

6 建立“假设”，消除无用功

利用假设思考和分析验证找出解决方案

■ 提高“思考”和“信息收集与分析”的效率

说起逻辑思考，就不能不提“假设思考”。前文中提到的逻辑思考三大工具（“‘为什么’和‘怎么做’”、逻辑树、“空—雨—伞”），都可以通过假设思考来提高效果。

假设你是某购物中心服装专卖连锁店的店长，因为最近周末的销售收入突然下降而感到非常苦恼，于是你利用假设思考来寻找对策。

“竞争对手D公司开始大规模网络促销活动，我们的主要顾客群体——20多岁的职场女性都被对方抢走了。”

你提出这个假设的根据是自己所在门店销售收入下降的时间与D公司网络促销活动的时间一致，而且D公司的网络促销活动在媒体上很受关注，尤其是自己所在门店周末的销量下降明显。

根据这一假设，你就**可以收集和分析信息并进行深入挖掘，**找出解决办法。比如对服装的流行趋势进行分析、关注顾客群体的变化，在设计调查问卷时也主要面向“20多岁的职场女性”设计问题等。

假设思考的示意图，如图7-6所示。

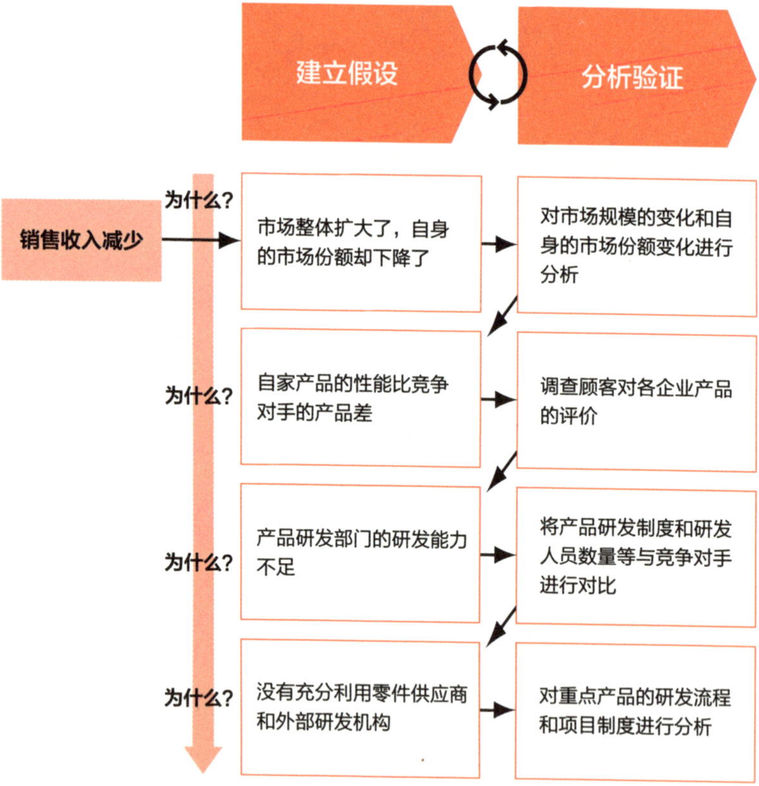

图7-6　假设思考的示意图

■ 假设思考对“课题”和“解答”都有效

通过建立假设，我们可以筛选出“为什么顾客选择D公司的产品”“为什么我们的产品不能使顾客感到满意”等更加具体的课题。此外，建立假设还可以使我们对课题的认识更加具体，明确“忙碌的职场女性只有周末才有时间来店铺购物”→“发现网络购物更加方便后就不再去实体店了”的“逻辑”，从而更容易找出解决办法。比如针对20多岁的职场女性举办“只有来实体店才能体验到的活动”等。

需要注意的是，我们不能在提出假设后立刻提出解决办法，而应该对顾客数量、销量下降的产品的特性进行分析，对目标顾客进行采访等，在获取信息并分析后，再对假设进行验证。这个步骤是绝对不能省略的。

专栏 12

时刻保持激情

○经营者的态度决定组织文化

经营并不是一件容易的事情。企业的经营状况，有高峰也有低谷，没有任何一家企业总是“一帆风顺”的。在经营遇到困难的时候，经营者很容易产生悲观、消极的心态。

经营者的心理状态会影响员工的心理状态。如果经营者总是很悲观，那么员工也会失去干劲。对中小企业的经营者来说，这种情况更加明显。

正因为如此，经营者应该时刻保持乐观、积极的心态，我将这种态度称为“激情”。一个有激情的经营者能从情绪和行动上调动员工的工作积极性，并且使员工更加积极、对未来更有信心。

○“激情”是积极思考的原点

一个有激情的人往往是有创意的人，还能战胜很多困难和挑战，就算遭遇失败也有继续尝试的信心。一个充满激情的人在人际交往方面也会如鱼得水，这样的经营者可以使组织更加有活力。

之所以会产生这些效果，是因为激情使人总是追求更加远大的目标，拥有更加广阔的视野，内心也更加从容。

为了保持激情，我们要对一切事物都保持兴趣，相信所有的可能性，并为了将其实现而“天马行空”地思考。

虽然本书介绍了许多思考方法，但所有思考的基础，都是“激情”。

第八章

掌握制订战略必不可少的思考方法②

【多元思考】

1 为什么需要多元思考？

防止无意识的“逻辑思考的遗漏”

■ 拥有多个视角

在制订战略时，我们除了要进行逻辑思考之外，还需要进行多元思考。

为了把握经营环境、找出重要课题、制订解决方案，我们必须通过多元思考想出最接近课题本质的独特创意。

多元思考指的是从多个“视角”对信息、课题和意见进行思考和分析。

在进行思考时，我们应该尽量开阔自己的视野，这就好像从不同的角度进行观察就可以看到不同的画面一样。

多元思考拥有许多好处，比如同时思考多个课题，对课题进行深入挖掘，可以让自己的思考变得更加深入。

在会议中将不同的意见组合到一起进行综合讨论，可以将不同人的视角都充分利用起来。

关于多元思考的具体方法请看以下这个案例。

由于老化的设备将在两年后被更新，因此G公司必须制订投资计划。

从市场的角度来看，顾客对G公司产品的需求不断下降，而且对降低价格的要求越发强烈。与此同时，G公司最大的竞争对手开始对G公司的大客户发动了销售攻势。为了客户不被竞争对手抢走，G公司必须同时提高产品和服务的质量，并且采取缩短交货期等应对措施。

从资金的角度来看，因为今后产品价格下降和销售竞争日趋激烈导致收益降低，所以G公司用于更新设备的投资金额应该尽可能降低。

但是从与新设备相关的技术角度来看，通过这次投资很有可能建立起全新的生产线，从而让G公司的产品在品质和交货期限两个方面实现与竞争对手产品的差异化。考虑到越发激烈的竞争环境，如何为销售部门提供最大限度的支持也是非常重要的视角。

除此之外，还有新产品相应的技术研发等各种视角。

如果你是G公司财务部门的负责人，要对这项投资计划进行评估，那么你就不能只从直接收益的角度评价新设备的投资计划，而是要将所有的视角都组合到一起，对眼前的课题进行更加全面的分析。

通过这个案例可以看出，虽然做到多元思考并不容易，但通过多元思考，我们可以获得诸多好处。

■ 了解自己的“思考习惯”

正如上述案例所示，在企业经营中，我们经常需要面对同时解决多个课题的情况。这也就是说，经营者常常要面对解“方程组”的情况。这也是我们需要多元思考的理由之一。

但似乎**逻辑思考能力越强的人，越不擅长多元思考。**因为擅长逻辑思考的人往往能够基于明确的逻辑迅速得出结论，但如果从其他角度进行思考的话，则很有可能发现自己的思考存在“遗漏”。越是能够迅速得出符合逻辑的结论并擅长对他人说明的人，越容易出现这种情况。

对自己的逻辑思考和说明能力充满自信的人，往往也意识不到自己在多元思考方面的问题，当被他人指出思考“有遗漏”的时候也不愿意坦白承认。

以单一视角思考为基础的提案，一旦遇到从不同观点出发提出的反对意见就会立刻显得破绽百出。如果这样的提案没有遭到反驳直接进入到执行阶段，则很容易遭遇意料之外的问题，造成更大的损失。

为了避免出现这样的情况，我们最好了解自己的“思考习惯”。越是经验丰富且取得过优异业绩的人，“思考习惯”就越不容易改变。

因此，**了解自己的“思考习惯”，并下意识地从与“思考习惯”不同的角度进行思考非常重要。**在独自一人思考问题的时候，我们更应该注意这一点。

多元思考的关键，如图8-1所示。

多元思考的关键：拥有多个视角

【基本】

【技巧】

不要急于采取行动（→见第202页）；

利用逻辑树强制自己进行多元思考（→见第205页）；

站在其他部门、竞争对手、顾客等立场上思考（→见第207页）；

根据不同的标准（差异化、健全化、效率化等）进行思考（→见第209页）；

不要同时站在多个角度思考问题（→见第210页）。

图 8-1　多元思考的关键

接下来，我将为大家介绍多元思考的方法。

练习　请对你所在企业中的课题进行多元思考

2 多元思考的技巧①
完成思考后，先停下脚步

就算得出了结论也不要急于行动

■ 不要忘记从多个角度进行思考

多元思考的基本原则就是不要急于行动。当自己思考完成后，不要立刻开始行动，而是先停下脚步，试着“换个角度”再思考一下。

这里继续以前文中G公司的情况为例。

假设你作为G公司财务部门的负责人，以该事业今后预计的利润为基础对设备更新的投资计划进行评价，认为“这个投资似乎不划算”。

但在这个时候，你不要急于下结论，而要试着多换几个视角进行思考。如果从改善产品的品质和缩短交货时间，或者实现技术差异化的不同视角来进行思考，或许能够看到不同的“画面”。

这次更新设备是实现技术差异化的绝佳机会，一旦成功，G公司就能够从价格竞争的泥沼中挣脱出来，从而防止今后的利润持续下降。

此外，更新的设备能够提高G公司产品的品质并缩短交货时间，如果再给销售部门提供足够的资金，销售部门就能凭借这些优势战胜竞争对手，保住大客户的业务。

像这样从不同的角度多进行几次思考，或许就能将“不应该对今后收益不高的事业投入太多资金”的消极结论转变为“对生产技术和销售能力进行投资，在竞争中取得胜利，能够提高利润”的积极结论。

■ 从“正面进攻”到“出奇制胜”

接下来，让我们来看一个对市场环境变化进行多元思考的案例。

2016年，日本的咖啡消费市场规模上涨了2%，而罐装咖啡的市场规模几乎没有增加。这是因为罐装咖啡的市场份额被便利店售卖的100日元的现磨咖啡抢走了。

针对这一状况，饮料企业有许多应对的办法。

首先，饮料企业可以推出香气更加浓郁的新产品，或者将装咖啡的容器从铁罐换成易于携带的塑料瓶，与便利店的100日元咖啡展开对抗。这是通过弥补罐装咖啡的“劣势”来展开竞争的“正面进攻”。

其次，饮料企业可以通过提升咖啡豆的品质、增加咖啡豆的种类来提升咖啡的口感，直接攻击便利店100日元咖啡的“劣势”。这也属于“正面进攻”。

但从更多的角度进行思考的话，饮料企业可以找出那些在便利店的咖啡推出之后仍然保持销量的罐装咖啡的特点，以此为标准扩充产品线。比如一般被认为不太受消费者欢迎的甜味罐装咖啡，实际上也有许多支持者。

此外，饮料企业还可以考虑推出能冲泡出与便利店的现磨咖啡相似口味咖啡的全自动咖啡机。比如改良全自动咖啡机以强化全自动咖啡机冲泡出的咖啡的香味等。

考虑到便利店在推出100日元的咖啡并取得成功之后，可能会继续推出其他饮品，比如红茶或绿茶等。因此，饮料企业要针对这一可能性提前做好准备，比如推出红茶和绿茶的茶饮机等。

饮料企业还可以彻底转变视角，将与便利店之间的“竞争”转为“合作”。饮料企业可以凭借自身的优势，为便利店提供品质更高的咖啡豆。这样一来，消费者不但能够享受到老牌咖啡生产企业严格筛选的咖啡豆制成的咖啡的醇香，还可以享受到便利店现场冲泡的服务，一举两得。

如果将视角从与便利店的咖啡竞争中移开，饮料企业可能还会发现新的创意。通过分析消费者的心理活动和需求，饮料企业或许能发现前所未有的市场领域，比如开发全香味的咖啡、使用环保容器，或者为消费者提供定制化服务，等等。通过多个视角进行思考，饮料企业可以想到更多的创意以应对激烈的市场竞争。

■ 利用逻辑树强制自己进行多元思考

多元思考可以使思路更加开阔。为了做到这一点，关键在于贯彻逻辑思考，而贯彻逻辑思考最有效的工具莫过于逻辑树。使用逻辑树进行多元思考的示例，如图8-2所示。

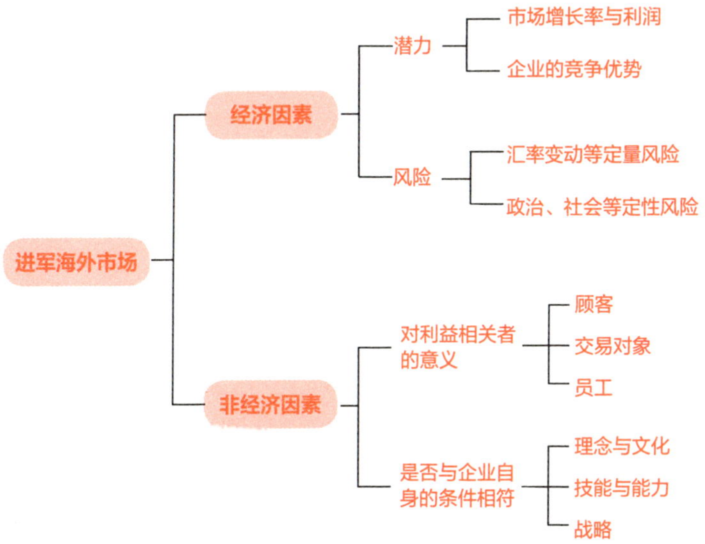

图 8-2　使用逻辑树进行多元思考的示例

比如企业想要进军海外市场的时候，需要从多个角度对这个战略方案进行全面思考，参见图8-2。

其中“如何回收投资”“如果事业计划进行得不顺利，在资金方面存在哪些风险”“对员工会产生什么影响”“是否符合企业创业以来的理念”等，都是需要考虑的问题。

在这个时候需要注意的是，**不仅要考虑现实的可行性，还要注意在逻辑上做到不重复、不遗漏。**

这项作业需要耗费大量时间和精力，可能有人认为这样做的效率很低，但逻辑树作为"强制"进行多元思考的工具，确实非常有效。

3 多元思考的技巧②
站在他人的立场上进行思考

试着站在其他人的立场上进行思考

■ 一人分饰多角

为了实现多元思考，我们应尽量多听取他人的意见，分析对方站在什么视角上进行思考非常重要。最好找那些和自己拥有不同想法的人，把他们当作自己进行多元思考的“陪练”。

但有时候，我们必须独自一人思考。在这种情况下，我们就需要主动站在他人的立场上进行思考。

假如你是一名经营者，那么面对同一个问题时，你就需要站在不同的角色的立场上进行思考，比如：“如果我是财务部负责人，我会怎么想？”“如果我是销售部负责人，我会得出什么结论？”“如果我是工厂负责人，我会说什么？”“经销商和消费者有什么想法？”

此外，我们还可以站在竞争对手的角度来进行思考，比如：“H公司会如何进军这个市场？”“J公司会如何利用这项技术？”如果我们能够像这样打开思路，在制订战略时就能够考虑得更加全面。

像这样站在不同的立场上进行思考是非常耗费精力的，因此我们**必须在平时就养成这样的思考习惯，**这样在关键时刻才能充分发挥出其应有的作用。

从多个角度分析美国玩具反斗城破产的新闻

2017年9月20日，美国玩具反斗城申请破产的新闻占据了各大报纸的头版头条。似乎网络销售的飞速发展是导致其破产的主要原因。从这条新闻中，能够得出哪些结论呢？

大型量贩连锁店的玩具采购负责人认为："从短期来看，这或许是我们抢夺日本的玩具反斗城市场份额的好机会。但从长远的角度来看，我们也必须做好相应的准备才行。"

大型量贩连锁店的店长认为："日本的玩具反斗城的进口玩具销量可能会出现下滑。我们打算趁此机会采取进攻策略，与附近的玩具反斗城店铺展开竞争，但不知道我们的玩具能否得到消费者的认可。"

大型量贩连锁店的经营者认为："不只是玩具，我们今后还需要找出其他容易受到网络销售冲击的商品种类，并采取必要的应对措施，同时我们还要强化本企业的网络销售渠道。"

玩具生产企业的经营者认为："日本的玩具反斗城是我们企业的客户，这次事件对我们来说有非常大的影响。我们今后必须多开发网络零售渠道经销商。此外，我们还要加强自身的直销网站建设。"

食品超市经营者认为："这种情况或许也会影响到食品行业。我们必须从自己经营的商品中找出可能受到影响的品类，采取相应的对策。"

家里有小孩子的家长认为："今后是网上购物的时代。除了玩具，其他像服装和食品等品类的商品，如果能够从网络购买的话，那就方便多了。"

经营购物中心的不动产行业经营企划负责人认为："大型专卖店纷纷关店。我们必须考虑有没有其他替代的承租者，还要将关店风险较高的承租者都整理出来，提前做好准备。"

4

多元思考的技巧3

根据不同的标准进行思考

下意识地“整体思考”最危险

■ 根据“标准”转变视角

为了掌握多元思考，我们需要了解自己的“思考习惯”，下意识地从不同的视角进行思考，并使用逻辑树找出不同的思考视角。

除此之外，还可以**多使用“从……的角度考虑”“从……的侧面来看”“在……的情况下”“根据……的观点**”等表述。

比如“从财务的角度考虑”“从差异化的侧面来看”“在不影响员工积极性的情况下”“根据生产技术的观点”等，区分不同的“标准”来进行思考。

这种方法虽然与前文中介绍的“站在他人的立场上思考”和“使用逻辑树导出多种视角”的方法很相似，但或许会有人感觉这种方法更便于理解。

比如第199页的案例中，G公司的财务负责人最初的视角就是“从回收投资的角度来看……”，而让产品品质和交货期限得到改善则是“从差异化的侧面来看……”的视角。

除此之外，还有“考虑到对销售部门积极性的影响……”“在新产品的应对方面……”等视角。

■ 将视角、人物和标准单一化

多元思考的方法有很多，但每一种方法在使用时都有一个共同的重点。

无论是用逻辑树来找出不同的视角，还是站在他人的立场上进行思考，或者是根据不同的标准进行思考，都要**将个别的视角、人物以及标准贯彻到底，将其单一化，不要将其他视角、人物和标准混杂进来。**

“从贯彻回收投资的视角进行思考……”“只站在销售总部负责人的立场上进行思考……”“从只重视差异化这个侧面来进行思考……”。

将“利润、竞争关系、员工的积极性等全部综合起来考虑”的做法是最危险的。

因为这样相当于没有从任何一个视角进行思考，最后得出的结论既不符合逻辑，也没有做到多元思考。

虽然多元思考非常重要，但擅长多元思考的人并不多。即便是优秀的经营者，也往往会落入“片面思考”的陷阱。

丰富的经验和知识、成功的经历，以及由此而生的自信，这些都会使人进入“片面思考”的误区。

事实上，在越发严峻的经营环境下，经营课题也越来越复杂，技术创新和全球化更加剧了这一状况。因此，不依赖于过去的经验和成绩的“多元思考”就更加不可或缺了。